我们一起解决问题

2019 CHINA'S EQUITY
INVESTMENT
DEVELOPMENT BLUE BOOK

2019年
中国股权投资
市场发展
蓝皮书

中国建设银行
清科研究中心 ◎主编

人民邮电出版社
北 京

图书在版编目（CIP）数据

2019年中国股权投资市场发展蓝皮书 / 中国建设银行，清科研究中心主编. -- 北京 ：人民邮电出版社，2020.4
ISBN 978-7-115-53280-0

Ⅰ. ①2… Ⅱ. ①中… ②清… Ⅲ. ①股权－投资基金－研究报告－中国－2019 Ⅳ. ①F832.51

中国版本图书馆CIP数据核字(2019)第287889号

内 容 提 要

近年来，中国股权投资市场规模增长迅速。2015 年以来，在"双创"大发展和"供给侧改革"的推动下，大批民营 VC/PE 机构、国资机构、金融机构、战略投资者等纷纷入场，为股权投资市场注入了活力，也使行业结构更加复杂多元、竞争日益激烈。

本书是中国建设银行与清科研究中心联合发布的中国股权投资市场深度研究报告。全书以数据分析和案例相结合的方式，介绍了我国股权投资市场的发展概况，包括基本的投资方式、被投资企业所处的行业分布情况，以及股权投资行业发展的未来趋势预测。

本书对整个行业结构特征和发展趋势进行了系统化梳理，将为股权投资行业（风险投资、私募股权投资结构，以及银行、证券等金融机构在内的风险投资部门）的从业人员、有股权融资需求的创业企业的管理者提供很好的指导价值。

◆ 主　　编　中国建设银行　清科研究中心
　　责任编辑　王飞龙
　　责任印制　彭志环
◆ 人民邮电出版社出版发行　　　　北京市丰台区成寿寺路 11 号
　　邮编 100164　　电子邮件 315@ptpress.com.cn
　　网址 http://www.ptpress.com.cn
　　北京市艺辉印刷有限公司印刷
◆ 开本：700×1000　1/16
　　印张：9.75　　　　　　　　　　　2020 年 4 月第 1 版
　　字数：150 千字　　　　　　　　　2020 年 4 月北京第 1 次印刷

定　价：55.00 元
读者服务热线：（010）81055656　印装质量热线：（010）81055316
反盗版热线：（010）81055315
广告经营许可证：京东工商广登字 20170147 号

目录

图表目录

第一章

2018—2019H1 中国股权投资市场^① 发展概况

<hr>

① 本报告中"股权投资市场"的数据统计范围包括私募股权投资市场，以及 A 股、新三板、科创板等公开渠道的上市筹资、增发、并购等。

1.1 中国股权投资市场整体发展环境

受益于改革开放 40 余年来经济、政治、文化等方面的全面改善和对外开放的政策,中国股权投资市场蓬勃发展。2015 年以来,在"双创"大发展和"供给侧结构性改革"的推动下,国内优质可投资资产不断涌现,大批民营 VC/PE 机构、国资机构、金融机构、战略投资者等纷纷入场,为股权投资市场注入活力,行业竞争也日益激烈。除了对实体经济提供直接融资等金融支持,中国股权投资市场在助力经济建设、实现对外开放、促进民生改善和推动文化发展等方面都发挥着重要作用。

中国股权投资市场规模增长迅速,根据清科研究中心私募通数据,截至2019 年 6 月底,中国股权投资市场资本管理量已达 10.56 万亿元。但相比海外股权投资市场,中国股权投资市场尚处于初级发展阶段。2018 年以来,随着全球政治经济环境的不断变化,中美经济合作关系尚未明朗。2019 年上半年,全国经济运行总体平稳,且稳中有进。但是,当前国内外经济形势依然复杂严峻,全球经济增长有所放缓,外部不稳定和不确定因素增多,国内发展不平衡、不充分问题仍较突出,经济面临新的下行压力。在复杂的国际环境和监管升级背景下,中国股权投资市场进入调整期,市场回归价值投资,各机构也更加注重提升自身的风险控制和投后管理能力。

1.1.1　坚持对外开放，鼓励外资"引进来"与中资"走出去"

党的十九大报告和 2018 年政府工作报告均提出推动形成全面开放新格局，强调中国坚持对外开放的基本国策，坚持打开国门搞建设。2019 年 1 月，商务部表示将继续推动全方位对外开放，具体措施包括推动出台外商投资法、深化"一带一路"国际合作、积极参与全球经济治理、反对贸易保护主义等。

2019 年 6 月，G20 峰会召开，习主席在会上宣布未来将在开放市场、扩大进口、全面实施平等待遇以及大力推动经贸谈判等方面实施多项举措，促进对外开放。在进一步开放市场方面，2019 年我国将进一步缩减外资准入负面清单，新设六个自由贸易试验区，增设上海自由贸易试验区新片区，加快探索建设海南自由贸易港。

虽然国际贸易摩擦不断，但我国坚持对外开放，鼓励外资"引进来"与中资"走出去"。自 2017 年 12 月以来，国家发改委、商务部、国家外汇管理局等陆续出台了多项政策（见表 1-1），逐步放开外商投资限制，同时大力促进中企开展跨境投资监管制度的成熟化、审批流程的精简化，不断深入推进股权投资行业的对外交流工作。此外，中国证券投资基金业协会（以下简称"中基协"）也开展了多项工作，包括：深化外资机构在华展业咨询服务；外资私募基金管理人登记、备案、入会；与德交所、日本投资信托协会签署合作谅解备忘录等。

表 1-1 近年来我国金融市场对外开放相关政策情况

时间	发布单位	政策名称	相关内容
2019-06	国家发改委、商务部	《鼓励外商投资产业目录（2019 年版）》	新增或修改条目的 80% 以上属于制造业范畴，支持外资更多投向高端制造、智能制造、绿色制造等领域。在电子信息产业，新增 5 G 核心元组件等条目。鼓励外资投向生产性服务业，并支持中西部地区承接外资产业转移
2019-06	国家发改委、商务部	《外商投资准入特别管理措施（负面清单）（2019 年版）》	2019 年版清单在保持原有框架不变的基础上，进一步缩短了清单长度、减少了管理措施、优化了清单结构，负面清单条目由 48 条减至 40 条
2019-06	国家发改委、商务部	《自由贸易试验区外商投资准入特别管理措施（负面清单）（2019 年版）》	负面清单条目由 45 条减至 37 条；取消了交通运输、基础设施、文化、增值电信领域的部分限制，推进了服务业扩大对外开放
2018-09	财政部、税务总局、国家发改委、商务部	《关于扩大境外投资者以分配利润直接投资暂不征收预提所得税政策适用范围的通知》	对境外投资者从中国境内企业分配的利润，用于境内直接投资暂不征收预提所得税政策的适用范围，由外商投资鼓励类项目扩大至所有非禁止外商投资的项目和领域
2018-07	国家发改委、商务部	《自由贸易试验区外商投资准入特别管理措施（负面清单）（2018 年版）》	负面清单条目由 95 条缩减为 45 条；在农业、油气、矿产资源、增值电信、文化等重要领域提出了新的举措；在全国开放措施的基础上，进一步提出了更为开放的试点措施
2018-06	国家发改委、商务部	《外商投资准入特别管理措施（负面清单）（2018 年版）》	负面清单条目由 63 条减至 48 条，投资限制放宽领域包括金融、基础设施、交通运输、商贸物流、汽车船舶以及农业能源等
2018-06	国家外汇管理局	《合格境外机构投资者境内证券投资外汇管理规定》	国家外汇管理局及其分局、外汇管理部依法对合格境外机构投资者境内证券投资的投资额度、外汇账户、资金收付及汇兑等实施监督、管理和检查

（续表）

时间	发布单位	政策名称	相关内容
2018-02	国家发改委	《境外投资敏感行业目录（2018 年版）》	首次以单独的敏感行业目录形式公布，对以转移资金等为目的的虚假对外投资加强监督。涵盖四大领域和行为，包括武器装备的研制生产维修、跨境水资源开发利用、新闻传媒和六种需要限制企业境外投资的行业
2018-01	商务部、中国人民银行、国资委、银监会等七部委	《对外投资备案（核准）报告暂行办法》	实行管理分级分类、信息统一归口，建立共享平台和协调机制。明确将实现全口径对外投资管理（既包括非金融类对外投资又包括金融类对外投资），各部门定期将备案（核准）信息和报告信息通报商务部
2017-12	国家发改委	《企业境外投资管理办法》（国家发改委第 11 号）	新办法突出简政放权，推出三项改革：取消信息项目报告制度、取消地方初审、取消转报环节，放宽投资主体履行核准、备案手续的最晚时间要求，并提出建立境外投资违法违规行为记录，将实施联合惩戒

来源：清科研究中心根据公开资料整理

2019 年 10 月，为贯彻落实党中央、国务院关于推动形成全面开放新格局的重大决策部署，进一步扩大我国金融市场对外开放，经国务院批准，国家外汇管理局决定取消合格境外机构投资者（QFII）和人民币合格境外机构投资者（RQFII）投资额度的限制。未来，受益于我国对外开放的持续推进，我国股权投资市场将迎来更多外资机构，外币基金的募投也将持续上升。

1.1.2 推进创新创业，打造"双创"升级版，激发市场活力

在 2018 年的两会上，李克强总理强调要求政府继续当好"店小二"，为企业和投资机构提供更多优惠服务。在国务院的号召下，相关政府部门陆续发布税收政策，将创业投资、天使投资的税收优惠政策试点范围由京津冀、上海、广东等地扩大到全国。税收优惠政策的相继落地，在一定程度上提高了天使投资人的积极性，同时也吸引了更多的合格天使投资人加入早期投资市场。

2018 年 9 月 26 日，国务院发布《关于推动创新创业高质量发展 打造"双创"升级版的意见》，提出了打造"双创"升级版的八个方面的政策措施，从税收、融资渠道、上市、创业投资等方面促进创新与创业的发展。

税收方面，健全差异化监管体系，按照不溯及既往、确保总体税负不增的原则，完善创投基金税收优惠政策；加大对初创企业的财税政策支持力度，聚焦减税降费，适当降低社保费率，确保总体税负不增加。

融资渠道方面，依托国家融资担保基金，采取股权投资、再担保等方式推进开展融资担保业务；支持银行业金融机构积极稳妥开展并购贷款业务；推动科技型中小企业和创投企业发债融资，稳步扩大创新、创业债的试点规模。

上市方面，支持有潜力但未盈利的创新型企业上市，或在新三板、区域性股权市场挂牌；推动完善法规和资本市场规则，允许科技企业"同股不同权"的治理结构。

创业投资方面，鼓励地方培育天使投资人群体；鼓励大中型企业开展内部创业；规范发展市场化运作、专业化管理的创业投资母基金；发挥国家引导基金作用，支持初创期、早中期创新型企业的发展。

在国家大力支持"大众创业、万众创新"的宏观环境下，我国市场主体数量稳步上升。根据市场监督管理总局统计数据，2018 年全国新登记市场主体2 149.6 万户、新登记企业 670.0 万户，同比增长率分别为 11.67% 和 10.30%。

1.1.3　税制改革提速，"减税降费"成为财政政策的主基调

2018 年 12 月，国务院总理李克强主持召开国务院常务会议，决定实施所得税优惠，以促进创业投资发展，加大对创业、创新的支持力度。2018 年底召开的中央经济工作会议指出，宏观政策要强化逆周期调节，积极的财政政策要加力提效，以实施更大规模的减税降费。2018 年 3 月，国务院常务会议确定将增值税税率由原来的 17%、11% 分别调整为 16%、10%，降低市场主体税负。

2018 年以来，为助推供给侧结构性改革和企业转型升级，为实体经济创造良好的营商环境，提高市场主体的内生活力，我国税制改革显著提速，针对重点领域和对象出台了多项以"减税降费"为主基调的法律法规（见表 1-2）。其中，包括支持创业投资机构、天使投资人创业投资的税收政策，支持小微企业、孵化器、科技园和众创空间的创新、创业的税收政策，以及实施个人所得税专项附加扣除、降低个人税负的税收政策等。

表 1-2　2018 年以来我国出台的多项"减税降费"政策情况

时间	单位	面向对象	相关内容
2019-06	证监会	创业投资基金	发布《私募基金监管问答——关于享受税收政策的创业投资基金标准及申请流程》，明确了可以享受财税〔2018〕55 号文相关税收政策的创业投资基金标准与申请流程
2019-02	国家税务总局、人力资源社会保障部、国务院扶贫办、教育部	重点群体创业就业	发布《关于进一步支持和促进重点群体创业就业有关税收政策的通知》，进一步支持重点群体，提高扣减标准，取消行业限制
2019-02	财政部、国家税务总局、退役军人部	自主就业退役士兵	发布《关于进一步扶持自主就业退役士兵创业就业有关税收政策的通知》，进一步扶持自主就业退役士兵创业就业
2019-01	财政部、国家发改委、国家税务总局、中国证券监督管理委员会	创业投资企业与个人	发布《关于创业投资企业个人所得税政策问题的通知》，创投企业可以选择按照单一投资基金核算，个人合伙人从该基金应分得的股权转让所得和股息红利所得，按照 20% 税率缴纳个人所得税；创投企业也可以选择按照年度所得整体核算，个人合伙人按照"经营所得"项目、5%~35% 的超额累进税率缴纳个人所得税
2018-11	财政部	孵化器、科技园和众创空间	发布《关于科技企业孵化器、大学科技园和众创空间税收政策的通知》，对符合条件的孵化器、科技园和众创空间免征房产税和城镇土地使用税；部分收入免征增值税
2018-10	财政部、国家税务总局	个人	起草《个人所得税专项扣除暂行办法（征求意见稿）》，新增六项专项附加扣除
2018-08	十三届全国人大常委会第五次会议	个人	个税起征点提高至每月 5 000 元
2018-07	财政部、国家税务总局	小微企业	发布《关于进一步扩大小型微利企业所得税优惠政策范围的通知》，小微企业应纳税所得额低于 100 万元按 50% 计入应纳税所得额，税率为 20%

（续表）

时间	单位	面向对象	相关内容
2018-05	财政部	创业投资企业、天使投资个人	发布《关于创业投资企业和天使投资个人有关税收政策的通知》（财税〔2018〕55 号），满足条件的创业投资企业和天使投资人可按投资额的 70% 抵扣应纳税所得额
2018-03	国务院常务会议	增值税适用对象	确定将增值税税率由原来的 17%、11% 分别调整为 16%、10%，降低市场主体税负

来源：清科研究中心根据公开资料整理

1.1.4　金融风控强化，循序化解风险，推进资本市场改革

金融安全是国家安全的重要组成部分，是经济平稳健康发展的重要基础和条件。近年来，随着我国金融体系规模的快速扩张，以及金融全球化进程的加速推进，提升了金融系统脆弱性，金融脆弱向金融危机的转化速度也大大加快。在当前我国经济加快转型升级，全球经济不稳定、不确定性增加，全球货币政策转向等内外部因素的共同作用下，我国面临的系统性金融风险也在不断提升。近年来，国家通过重构金融监管架构、部署风控攻坚战、强调打通货币政策传导机制、纾解股权质押、发力产业升级、严格退市制度、发挥资本市场枢纽功能等一系列手段，防范化解金融风险，维护金融稳定。

2017 年 11 月，经党中央、国务院批准，国务院金融稳定发展委员会正式成立。2018 年 3 月，银监会和保监会合并，这标志着我国"一行两会"的金融监管新格局基本形成，维护金融稳定的顶层设计基本铺就。

✧ 2018 年 7 月 2 日，新一届国务院金融稳定发展委员会成立并召开会议。会议审议了金融委办公室提出的**打好防范化解重大风险攻坚战三年行动方案，**研究了推进金融改革开放、保持货币政策稳健中性、维护金融市场流动性合理充裕、把握好监管工作节奏和力度、发挥好市场机制在资源配置中的决定性作用等重点工作。

✧ 2018 年 8 月 3 日，国务院金融稳定发展委员会召开第二次会议，分析了当前经济金融形势，重点研究了进一步**疏通货币政策传导机制、增强服务实体经济能力**的问题。会议判断，当前金融形势总体向好，但内外部风险仍需要积极稳妥和更加精准地加以应对。

✧ 2018 年 8 月 24 日，国务院副总理、国务院金融稳定发展委员会主任刘鹤主持召开了**防范化解金融风险**专题会议。会议听取了网络借贷行业风险专项整治工作进展情况和防范化解上市公司股票质押风险情况的汇报，研究了深化资本市场改革的有关措施。

✧ 2018 年 9 月 7 日，国务院金融稳定发展委员会召开第三次会议。会议认为，各类金融风险已得到稳妥有序的防范化解，金融市场的风险意识和市场约束逐步增强。

✧ 2018 年 10 月 20 日，国务院金融稳定发展委员会召开防范化解金融风险第十次专题会议。会议认为，当前宏观经济延续了稳中有进的基本态势，会议强调了三项重点工作：**稳健中性的货币政策、增强微观主体活力、发挥资本市场枢纽功能。**

✧ 2018 年 12 月 20 日，国务院金融稳定发展委员会召开资本市场改革与发展座谈会，强调资本市场的改革方向为：**严格退市制度，**减少交易行政干预等。

✧ 2019 年 7 月 19 日，国务院金融稳定发展委员会召开第六次会议，开展 "不忘初心、牢记使命" 主题教育，分析当前经济金融形势，部署金融领域重点工作；同月，国务院金融稳定发展委员会办公室发布《关于进一步扩大金融业对外开放的有关举措》，按照 "宜快不宜慢、宜早不宜迟" 的原则，推出 11 条金融业对外开放措施。

✧ 2019 年 8 月 31 日，国务院金融稳定发展委员会召开第七次会议，研究**金融支持实体经济**、深化金融体制改革、加强投资者合法权益保护等问题，部署相关工作。

1.1.5 资管新规实施，人民币基金的募资难度有明显上升

2018 年，受《关于规范金融机构资产管理业务的指导意见》（以下简称《资管新规》）等一系列金融监管制度的落实以及中美贸易摩擦等事件的影响，资本市场资金端承压较大，导致流入中国股权投资市场的资金同步收紧，人民币基金的募资难度上升。

2018 年 4 月，《资管新规》正式发布。《资管新规》的出台对金融行业乃至整个实体经济都产生了不小的震荡，私募股权投资机构普遍陷入了募资难的困境。通过对 2018 年以来一系列相关政策的梳理，可见国家规范从业规则、防范金融风险的坚定态度，但考虑到我国金融行业的实际运行情况和实体经济的资金需求，从 2018 年下半年开始国家又陆续出台了相关实施细则，对部分业务适当放宽了限制（见表 1-3）。

表 1-3 《资管新规》及配套实施细则的内容要点

时间	发布单位	政策名称	重点内容	政策影响
2019-06	中基协	《证券期货经营机构私募资产管理计划备案管理办法（试行）》	从备案要求、备案核查、自律管理三方面，对证券期货经营机构私募资产管理计划备案进行规制，适用对象为证券公司、基金管理公司、期货公司及前述机构依法设立的从事私募资产管理业务的子公司	资管新规在落地过程中的实施细则
2018-12	银监会	《商业银行理财子公司管理办法》	①投资范围及合作机构等要求更宽松，理财子公司可直接与符合规定的私募投资基金管理人合作，银行理财产品无需再嵌套其他资管产品。②同时，对关联交易、利益冲突、投资交易分离等方面的要求更严格	理财子公司投资私募股权投资基金在技术层面放宽
2018-10	中国银保监会、证监会	《商业银行理财业务监督管理办法》《证券期货经营机构私募资产管理业务管理办法》（第 51 号令）	金融资产投资公司的附属机构依法合规设立的私募股权投资基金，将纳入理财投资合作机构范围	债转股私募基金可对接银行理财业务
2018-07	中国人民银行	《关于进一步明确规范金融机构资产管理业务指导意见有关事项的通知》	①过渡期内，允许"发旧投新"。过渡期内，金融机构可以适当发行一部分老产品投资符合要求的新资产。②过渡期结束后，可适当延期，对由于特殊原因难以回表或未到期的存量资产，可适当安排妥善保管处理	就过渡期内有关具体的操作性问题进行了明确，在一定程度上缓解了金融市场的紧张情绪

（续表）

时间	发布单位	政策名称	重点内容	政策影响
2018-04	中国人民银行、中国银行保险监督管理委员会、中国证券监督管理委员会、国家外汇管理局	《关于规范金融机构资产管理业务的指导意见》（银发〔2018〕106 号）	①合格投资者认定条件提高；②打破刚性兑付，严禁资金池业务，主要分为保本保收益、滚动发行、发行机构代偿三类；③消除多层嵌套和通道，最多可嵌套 1 层，通道业务全面禁止	各方资金嵌套资管产品投资，以及私募股权投资基金的模式将难以实现

来源：清科研究中心根据公开资料整理

1.1.6　私募监管趋严，政策持续发酵，引领行业健康发展

2018 年以来，我国金融监管政策由以往的相对宽松变为严格趋紧，其中私募股权投资行业政策频出，私募基金行业监管加强，同时自律规则体系逐步建立。2018 年，为防范业务风险，保护投资者合法权益，敦促私募基金管理人积极履行相关义务和责任，证监会与中基协分别采取行动，针对私募基金开展了一系列的检查。2018 年，中基协陆续发布了《私募投资基金备案须知》《私募投资基金命名指引》《私募基金管理人登记须知》等多部自律规则，同时还对 AMBERS 系统进行了多次更新和修改。

　　◇ 2018 年 1 月，中基协发布了《私募投资基金备案须知》，明确了存在借贷活动的三类情形不属于私募基金的投资范围，自 2018 年 2 月 12 日起，将不予备案。三类情形包括：底层标的为民间借贷、小额贷款、

保理资产等属于借贷性质的资产或其收（受）益权；通过委托贷款、信托贷款等方式直接或间接从事借贷活动的；通过特殊目的的载体、投资类企业等方式变相从事上述活动的。

✧ 2018 年 3 月，中基协发布《私募投资基金非上市股权投资估值指引（试行）》，主要包括总则、估值原则、估值方法三部分内容，对于私募基金非上市股权投资估值的相关内容作出了详细说明和规定，引导私募股权投资基金非上市股权投资专业化估值。

✧ 2018 年 11 月，《私募投资基金命名指引》发布，自 2019 年 1 月 1 日起，以契约、合伙企业、有限责任公司、股份有限公司等组织形式募集设立的私募投资基金的命名，不得使用夸大业绩的词汇，也不能借用金融机构和名人名称做征信。

✧ 2018 年 12 月，中基协发布新版《私募基金管理人登记须知》，更新了公司股权结构、实际控制人要点、从业人员/高管和关联方等几个要点，并明确了中止办理和不予登记的情形。

2019 年，中基协又相继发布了规范证券投资基金投资信用衍生品的估值、规范私募资产管理合同内容与格式等的自律规则，后续还可能推出新版《私募产品备案须知》《行业尽职调查指引》《私募股权投资基金管理人会员信用信息报告工作准则》。2019 年 7 月，北京证监局发布《关于开展 2019 年北京辖区私募基金管理人自查工作的通知》，加上早前江苏、上海、西藏、浙江、天津、湖北等地证监局相继发布的要求辖区内的私募基金管理人积极开展自查工作的通知，一时之间，监管的旋风迅速吹遍了整个私募基金行业。

1.2 中国私募股权投资市场整体投资概况

1.2.1 私募股权市场：募资总额下滑，外币投资活跃度高

根据清科研究中心私募通数据，2018—2019H1，中国私募股权投资市场共披露投资事件 12 344 起，披露投资金额 11 583 亿元。其中，早期机构、VC、PE 市场分别披露投资事件 2 377 起、5 400 起、4 567 起，占比分别为 19.3%、43.7%、37.0%；分别披露投资金额 193 亿元、2 562 亿元、8 828 亿元，占比分别为 1.7%、22.1%、76.2%（见图 1-1）。

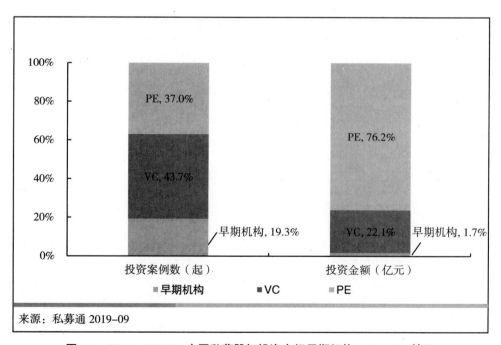

来源：私募通 2019–09

图 1-1 2018—2019H1 中国私募股权投资市场早期机构、VC、PE 情况

（1）早期市场：金融开放政策吸引海外投资

我国对外开放力度持续加大，海外投资机构逐渐加强对中国市场的资产配置，拥有多元化募资能力的早期机构受到外资垂青，美元基金募集迎来量价齐升。此消彼长之下，2018 年，早期投资机构募集基金中，人民币基金新募资总额占比从 96.5% 下降至 79.4%，美元基金占比从 3.5% 上升至 20.6%。2018 年，尽管早期投资案例数与金额均呈现下降趋势，但投资的平均金额却持续上升，其主要原因是案例数相对金额的降幅更大。这一趋势也反映了早期投资领域的现状：机构一方面收缩业务备战"寒冬"，另一方面也不忘押注头部项目，寄希望于"打有把握的胜仗"。

（2）VC 市场：募资环境多变，人民币基金仍为主导

2018 年，VC 市场可投资本量持续上升，但增幅放缓。国内募资环境多变，新募基金数、金额同比大幅下降。2018 年，我国经济正由高速增长阶段转向高质量发展阶段，在国际环境变化与我国经济结构性调整的双重压力下，我国创业市场募资基金数与募资金额同比分别下降 18.1% 和 13.0%。值得注意的是，虽然 VC 市场整体募资艰难，但是大额新募基金却不在少数。据私募通统计，2018 年 VC 市场新募金额超 10 亿元的基金有 64 支，共涉及 2 000 多亿元。其中，浙商创投完成了 250 亿元的奋华投资合伙企业基金募集，深创投也完成了 100 亿元的红土海川创新产业基金募集。在 VC 市场，人民币基金仍占主导地位，但外币基金募资强势，纪源资本、启明创投、红杉中国等知名机构均完成了大额外币基金募集。

（3）PE 市场：募资向头部机构集中，外币基金表现强势

受国内经济调整和监管的影响，人民币募资市场受到冲击，民营 PE 机构募资难度空前加大。2018 年，共有 2 747 支人民币基金完成募资，募资金额约为 8 700 亿元，相比 2017 年下降 35.8%；2018 年募资金额超过 50 亿元的人民币基金大多获得了政府和国企的支持，如长江小米基金、国投聚力并购基金等。从全球范围来看，中国仍然是极具发展潜力的地区，对海外 LP 具有较强的吸引力。一方面，在现行环境下，PE 投资市场更加理性，私募机构对单个案例的投资更加谨慎，投资节奏趋缓；另一方面，PE 机构的投资阶段有前移的倾向，对初创期和种子期企业的投资在加大，但对于单个案例的投资金额在降低。

1.2.2　A 股市场：科技股上市潮、科创板助推 IPO 数量上升

2018—2019H1，中国 A 股新上市企业共 170 家。2018 年，随着金融监管力度的持续增加，一些企业选择撤回申报材料，中国 A 股上市企业数量逐季度下滑。2018 年 IPO 过会率仅为 56.3%，过会企业数量仅有上年同期的三成左右。2018 年，上会企业仅有 199 家，但同期发审委终止了 199 家企业的上市申请，"IPO 堰塞湖"进一步纾解。

与此同时，境外资本市场为争取优质新经济企业的上市，做出了众多制度调整，使中企在境内 IPO 形势严峻的背景下，赴海外上市迎来小高潮，多

家独角兽企业赴纽约股市、香港股市 IPO。2018 年下半年，凭借美团点评等超级独角兽的上市以及诸多科技企业在美国纳斯达克的上市，早期机构的 IPO 退出迎来小爆发，不过受制于当前国内发行审核以及全球股市走向的不确定性，未来一段时间内发行上市的企业数目难以确定，已上市企业的退出回报水平也存在两极分化的可能。

此外，受科创板的影响，自 2019 年第二季度起，企业 IPO 上会审核数量大幅回升，6 月有 49 家企业上会，为 5 月上会企业数量的近 5 倍，审核速度已达到 2017 年及 2018 年初的水平。同时，过会率也延续了 2019 年年初以来的较高水平，2019 年上半年共计 92 家企业上会，81 家企业过会，过会率高达 88.04%。

1.2.3 新三板市场：挂牌企业数、增发案例数均有所下滑

2018—2019H1，中国新三板挂牌企业共 704 家。从地域分布来看，新三板挂牌企业相对集中在广东、江苏、浙江、山东等地，四地挂牌企业共 318 家，占期间总挂牌企业数量的 45.4%。受市场环境变化和金融去杠杆政策的影响，中国新三板市场持续遇冷。

从新三板增发案例数来看，除 2018Q2 有 6% 的小幅提升外，从 2018Q3 到 2019Q2，新三板增发案例数连续四个季度下滑。此外，2019 年上半年，更是有多家企业主动从新三板摘牌，也有 20 家新三板企业成功转 IPO，如新东

方在线、帝尔激光、如涵控股等。

1.2.4　并购市场：大额交易锐减，上市公司仍为"主力军"

2018—2019H1，中国并购市场案例数共 13 630 起，并购总金额共 27 909.8 亿元。受中国经济整体下行、金融行业去杠杆以及国际贸易摩擦等宏观因素的影响，2018 年以来中国并购市场有所降温。但考虑到中国并购市场已成为继美国之后的全球第二大并购投资地域，在中国并购市场已初具规模的情况下，市场出现回调亦属正常现象。

2018 年底，多项利好政策出台，鼓励上市公司实施并购重组，如为新兴产业并购开通"豁免 / 快速通道"等。但 2018 年证监会审核重组并购项目整体过会率约为 90%，相较 2017 年 93% 的过会率有小幅下滑。可见，上市公司并购重组仍将维系从严审核的态势。

2019 年，金融行业严监管的态势得到延续，募资难困境难破，机构也亟需通过项目退出尽快"回血"。在 A 股 IPO 严审核态势持续、境外中概股普遍股价下行的情况下，以并购方式退出，预计将成为股权投资机构的重点退出途径之一。

第二章

2018—2019H1 中国股权投资市场投资情况分析

2.1　中国私募股权投资市场 ① 情况

2.1.1　私募股权投资规模情况

当前，我国经济发展已经由高速增长阶段逐渐转变到稳定发展阶段，在国际环境与经济结构性调整的双重压力下，2018 年以来，我国私募股权市场整体投资速度放缓，私募机构对单个案例的投资也更加谨慎。根据清科研究中心私募通数据，2018 年—2019H1，**中国私募股权投资市场共披露投资事件 12 344 起，披露投资金额 11 583 亿元。**

从各季度的披露案例数看，2018Q1、Q2，中国私募股权投资市场分别披露投资案例数为 2 565 起、2 681 起，较好地延续了 2017 年的良好势头，这主要是由于此时《资管新规》、中美贸易战等的影响尚未完全显现。进入 2018Q3，随着监管政策趋严，募资难度加大，中国私募股权投资市场的披露案例数开始下滑，2018Q4 更是较 2018Q3 直接腰斩，也直接拉低了 2018 年全年披露投资案例数。2019 年上半年，我国投资机构避险情绪明显，投资活跃度下降，企业融资难度增加。2019Q1、Q2，中国私募股权投资市场披露投资

---

① 本报告中"股权投资市场"的数据统计范围不含基石投资、上市定增、新三板定增。

案例数分别同比下降了 35.1%、38.0%（见图 2-1）。

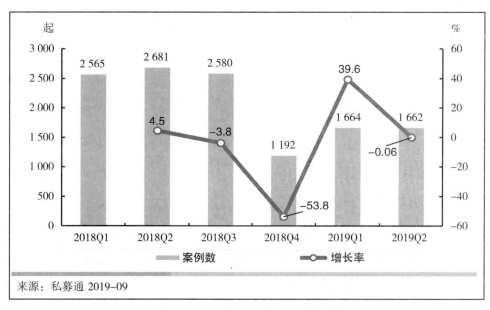

来源：私募通 2019-09

图 2-1　2018—2019H1 中国私募股权市场投资规模情况（按案例数）

　　2018Q2，中国私募股权投资市场披露投资金额 3 435.4 亿元，较 2018Q1 大幅增长 58.4%，这主要是受几起超大额事件影响。例如，2018 年 1 月，快手完成 10 亿美元的 E 轮融资；2018 年 4 月，满帮集团完成合并之后的第一轮融资，融资金额达 19 亿美元；同月，度小满完成 19 亿美元 A 轮融资；2018 年 6 月，蚂蚁金服完成 140 亿美元的 C 轮融资，这也是 2018 年最大金额的一起融资事件。2018Q3 开始，私募股权投资金额明显下滑，2018Q4 较 2018Q3 下降了 43.8%，但仍有今日头条 30 亿美元 F 轮融资的大额事件。2019 年上半年，受募资市场进一步收紧、私募机构对单个案例投资更加谨慎影响，市场披露投资金额持续走低，较 2018 年底进一步下降（见图 2-2）。

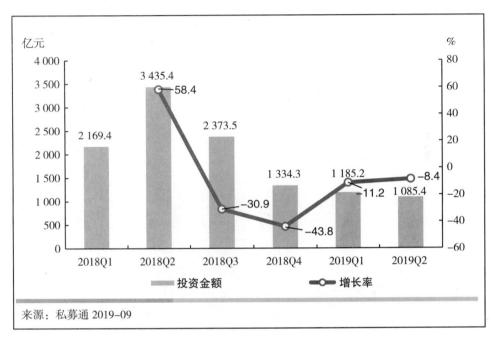

来源：私募通 2019—09

图 2-2 2018—2019H1 中国私募股权市场投资规模情况（按投资金额）

2.1.2 私募股权投资轮次分布

2018—2019H1，从披露案例数来看，中国私募股权市场投资轮次主要集中在 A 轮、B 轮、天使轮，分别披露投资案例 4 751 起、2 075 起、2 491 起，合计共 9 317 起，占总披露案例数的 75.5%；C 轮、D 轮分别披露案例数为

909 起、310 起，分别占比 7.4%、2.5%；此外，E 轮及以后事件有 211 起，占比 1.7%（见图 2-3）。

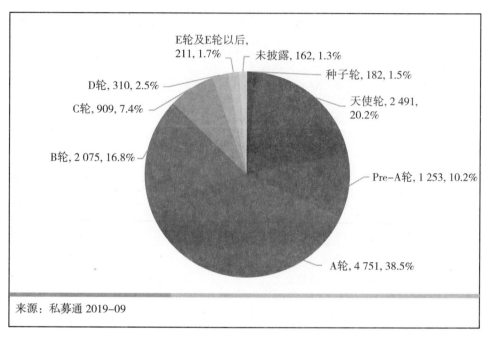

来源：私募通 2019-09

图 2-3　2018—2019H1 中国私募股权投资轮次分布（按案例数，起）

从披露的投资金额来看，统计期间内，A 轮披露投资金额最高，达 3 533.6 亿元，总占比超过 30%；其次是 C 轮和 B 轮，分别披露投资金额 2 680.4 亿元、1 875.0 亿元，总占比分别为 23.1%、16.2%；此外，E 轮及以后事件金额占比较高，接近 1 440 亿元，总占比 12.9%。总体来说，中国私募股权市场投资集中在早期轮次，但 C 轮及以后轮次金额的占比高，亦不乏大额投资事件，这与投资机构偏好头部项目有关（见图 2-4 ）。

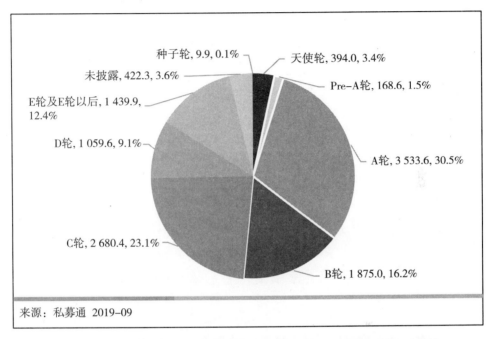

来源：私募通 2019-09

图 2-4　2018—2019H1 中国私募股权投资轮次分布（按投资金额，亿元）

2.1.3　私募股权投资阶段分布

2018—2019H1，从披露投资案例数来看，市场投资主要集中在初创期和扩张期的企业，合计案例数为 8 537 起，总占比约 69.1%。其中，扩张期的企业案例数最多，有 4 581 起，占总案例数的 37.1%；初创期的企业案例数有 3 956 起，占总案例数的 32.0%（见图 2-5 ）。

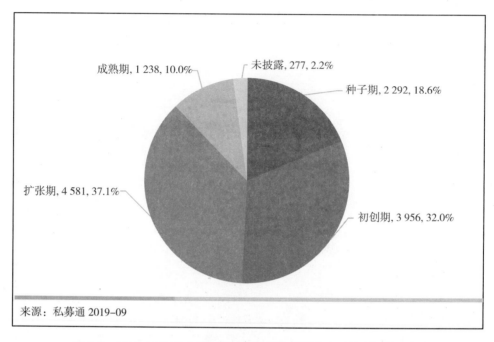

来源：私募通 2019-09

图 2-5　2018—2019H1 中国私募股权投资阶段分布（按案例数，起）

从披露投资金额来看，主要集中在扩张期、成熟期的企业，合计投资金额为 8 039 亿元，总占比 69.4%。其中，扩张期以 4 957 亿元领跑其他阶段投资，占比 42.8%；成熟期企业的案例数虽然较少，但披露投资金额为 3 081 亿元，居各投资阶段第二位，占比 26.6%。总体来说，经济下行环境下，机构避险情绪较高，倾向对扩张期、成熟期的企业进行低风险投资，但从种子期、初创期投资案例数看，机构仍对初创企业抱有信心，但出手金额较为谨慎（见图 2-6）。

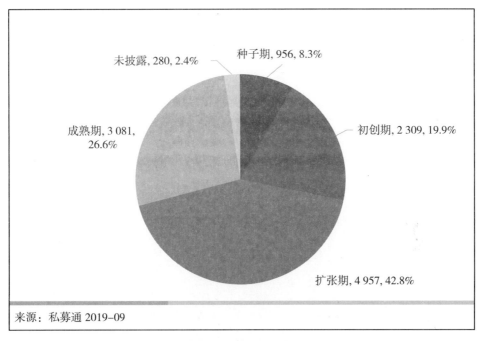

来源：私募通 2019-09

图 2-6 2018—2019H1 中国私募股权投资阶段分布（按投资金额，亿元）

2.1.4 私募股权投资地域分布

2018—2019H1，从投资案例数来看，中国私募股权市场投资集中在北、上、广地区，分别披露投资事件 3 633 起、2 258 起、2 134 起，合计 8 025 起，总占比 65.0%。其中，北京以 3 633 起投资事件、占比 29.4% 领先各省市。其次，浙江、江苏两地的披露事件也较多，明显领先于后续省市。此外，四川、湖北、福建、安徽、山东、陕西、天津、湖南等省市的披露投资事件在 100~300 起不等，总占比在 12.1% 左右，其中四川、湖北有逐渐崛起之势。此外，东北、西部地区的多数省市披露投资事件较少（见图 2-7）。

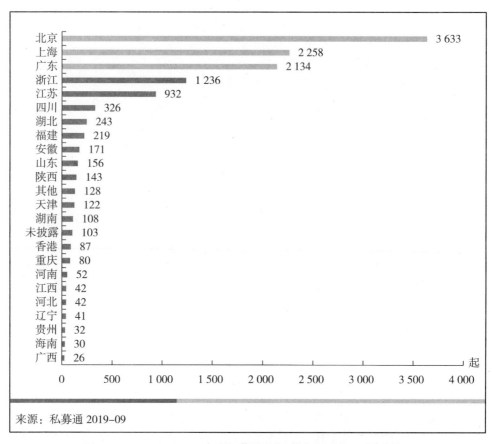

来源：私募通 2019-09

图 2-7　2018—2019H1 中国私募股权投资地域分布（按案例数）

从披露投资金额来看，北京以 3 474.7 亿元领跑全国，上海和浙江分别以
2 228.2 亿元和 1 799.9 亿元排名第二、第三位，三地合计投资总金额为 7 502.8
亿元，总占比 64.8%。受蚂蚁金服 C 轮 140 亿美元大额投资事件的影响，浙江

超过广东，排名进入前三。此外，广东、江苏两地披露投资金额较大，分别披露投资金额 1 292.5 亿元、876.2 亿元。总体来看，北上广、江浙的私募股权投资金额为 9 671.5 亿元，占全国的 83.5%，除此之外的多数省市的披露投资金额在几十亿元到 200 亿元不等（见图 2-8）。

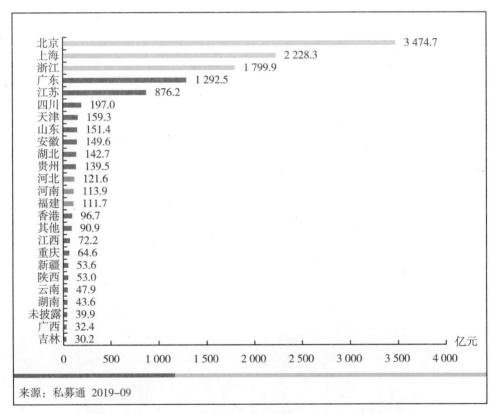

图 2-8　2018—2019H1 中国私募股权投资地域分布（按投资金额）

2.2 中国 A 股市场情况

2.2.1 A 股上市企业数量

2018—2019H1，中国 A 股新上市企业 170 家。从各季度 A 股上市企业的数量来看，2018Q1—Q4，A 股上市企业的数量逐步减少，由 2018Q1 的 37 家降至 Q4 的 18 家，但从 2018Q2 开始下降幅度有所缓和。究其原因，主要是受金融监管力度持续增加的影响，部分企业选择撤回申报材料。2019 年上半年 IPO 审核速度放快，上市企业数量明显回升，2019Q1、Q2，A 股上市企业分别有 32 家、33 家（见图 2-9）。

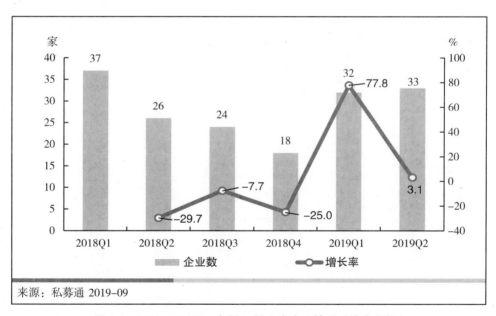

来源：私募通 2019-09

图 2-9　2018—2019H1 中国 A 股上市企业情况（按企业数）

2018—2019H1，A股上市企业筹资总额达到 2 062 亿元。2019 年上半年，虽然 A 股上市企业的数量明显回升，但受市场环境的影响，上市企业整体筹资金额仍明显低于 2018 年上半年（见图 2-10）。2018—2019H1，A 股上市筹资金额排名前十的企业分别为：工业富联、宝丰能源、中国外运、中国人保、迈瑞医疗、宁德时代、华西证券、养元饮品、江苏租赁、海油发展，其中有 7 个都集中在 2018 年上市。

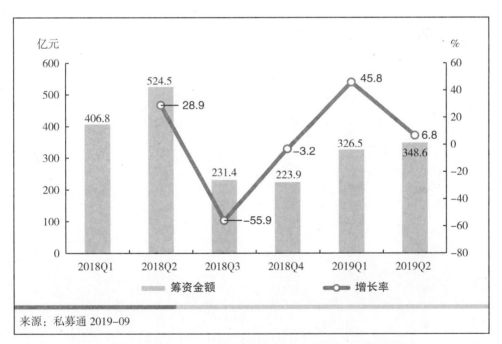

图 2-10　2018—2019H1 中国 A 股上市企业情况（按筹资金额）

2.2.2　A 股上市企业地域分布

2018—2019H1，从 A 股 170 家新上市企业地域的分布来看，新上市企业数量最多的地区为江苏省，有 30 家；广东、浙江分别以 29 家、24 家 A 股新上市企业紧随其后，三地共占期间 A 股新上市企业总数的 48.8%。此外，北京、上海各有 17 家、14 家 A 股新上市企业，排名第四位、第五位；随后是四川、山东、湖北，期间 A 股新上市企业数量分别有 10 家、9 家、7 家；其他多数省市 A 股上市企业的数量在 1~3 家不等（见图 2-11）。

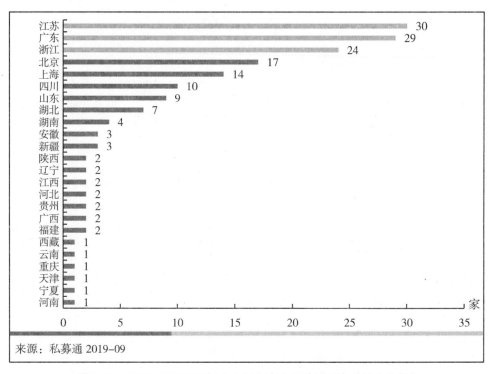

来源：私募通 2019-09

图 2-11　2018—2019H1 中国 A 股上市企业地域分布（按企业数）

2.2.3 A 股上市企业增发情况

2018—2019H1，中国 A 股上市企业增发案例共 381 起，共有 324 家企业完成定增。2017 年初，证监会发布再融资新规，从发行价格、发行规模、发行间隔期、财务性投资四个方面对再融资进行规范，严格管控市场过度融资的乱象。此外，2017 年上半年，证监会发布的减持新规也给定向增发市场进一步降温。定向增发作为再融资市场的主要工具，加之监管严格定增项目审核速度放慢，审核通过率降低，整体规模大幅下降。受此影响，2018 年 A 股定向增发活跃度下降明显，定增案例数逐季度下滑。2018 年 10 月，证监会发布再融资新规修订版，放开融资"补流"用途，定增募资可全部用于补充流动资金和偿还债务。受此影响，2019 年，A 股增发案例数攀升，2019Q1、2019Q2 分别有 67 起、57 起事件（见图 2-12）。

从募资金额看，2018—2019H1，中国 A 股增发募资金额为 10 588 亿元，其中增发募资金额超百亿元的企业有 25 家，最大的一起事件是：2018 年 7 月，中国农业银行完成 1 000 亿元人民币上市定增。基于 2017 年再融资新政和减持新规，2018 年 A 股定向增发案例数持续下降，但受超大额定增实施的影响，2018Q3 上市定增金额显著提升，达到 2 852 亿元。2018Q3 有 7 例超百亿元的大额定增案件，分别为：中国农业银行定增募资 1 000 亿元、北汽蓝谷定增募资 286.62 亿元、豫园股份定增募资 239.77 亿元、淮北矿业定增募资 204.05 亿元、华泰证券定增募资 140.08 亿元、东方盛虹定增募资 127.33 亿元和芒果超媒定增募资 115.51 亿元。

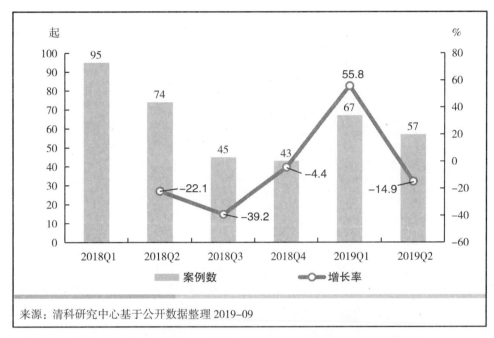

来源：清科研究中心基于公开数据整理 2019−09

图 2-12　2018—2019H1 中国 A 股上市企业增发情况（按案例数）

2019Q1，A 股上市企业增发募资总金额 2 224 亿元，较上一季度大幅增长，也主要是受 1 月、2 月的几起百亿级增发募资事件的影响，包括万华化学 522.18 亿元定增募资、华夏银行 292.36 亿元定增募资、中原特钢 195.24 亿元定增募资、中公教育 174.85 亿元定增募资、盈峰环境 152.50 亿元定增募资等。2019Q2，A 股上市企业增发募资总金额为 877 亿元，仅有美的集团 131.86 亿元定增募资一起百亿级事件（见图 2-13）。

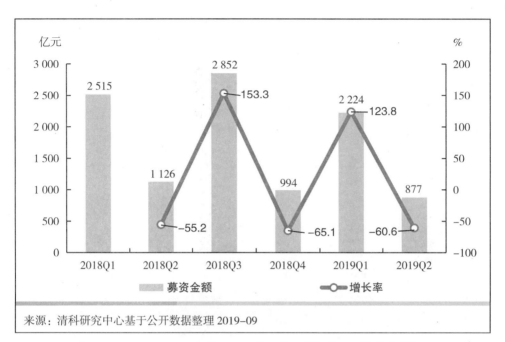

来源：清科研究中心基于公开数据整理 2019-09

图 2-13 2018—2019H1 中国 A 股上市企业增发情况（按募资金额）

2.2.4 科创板上市企业情况

全球正掀起第四次工业革命浪潮，科技创新能力对我国未来的经济发展起着至关重要的作用，我国科技创新能力尚需长足发展，应继续加大研发投入。科创板的推出，有望解决我国科技创新企业的融资难题，加速中国经济增长的新旧动能转换，推动增量经济的改革等。

截至 2019 年 10 月 31 日，科创板上市企业共 40 家，总筹资金额为 537 亿元，主要分布在电子及光电设备行业、生物技术和医疗健康、机械制造、IT、半导体、清洁技术等行业。从募资金额看，科创板上市的 40 家企业总实际募资金额为 537 亿元，其中有 20 家企业实际募资超过 10 亿元，中国通号以实际募资 105.3 亿元拔得头筹，紧随其后的是传音控股的 28.12 亿元、澜起科技的 28.02 亿元。总体来看，科创板首批上市企业盈利能力良好，首批 25 家企业 2018 年均已实现盈利，其中 20 家企业净利率超过 20%，10 家企业 2018 年研发投入占比超过 10%（见表 2-1）。

表 2-1 科创板部分上市企业概览

名称	上市日期	所在地区	行业	募资金额（亿元）
中国通号	2019-07-22	北京	通信运营	105.30
传音控股	2019-09-30	广东	消费电子设备	28.12
澜起科技	2019-07-22	上海	电子设备制造	28.02
南微医学	2019-07-22	江苏	医疗器械	17.49
柏楚电子	2019-08-08	上海	其他软件服务	17.15
嘉元科技	2019-07-22	广东	电池材料	16.33
昊海生科	2019-10-30	上海	生物医药	15.88
晶晨股份	2019-08-08	上海	电子元件	15.83
中微公司	2019-07-22	上海	集成电路	15.52
虹软科技	2019-07-22	浙江	其他软件服务	13.28
乐鑫科技	2019-07-22	上海	电子元件	12.52
天准科技	2019-07-22	江苏	仪器仪表	12.34
海尔生物	2019-10-25	山东	医疗器械	12.31
睿创微纳	2019-07-22	山东	电子设备制造	12.00

（续表）

名称	上市日期	所在地区	行业	募资金额（亿元）
容百科技	2019-07-22	浙江	电池材料	11.98
光峰科技	2019-07-22	广东	视听器材	11.90
杭可科技	2019-07-22	浙江	其他专用机械	11.25
方邦股份	2019-07-22	广东	电子元件	10.78
微芯生物	2019-08-12	广东	化学制剂	10.22
杰普特	2019-10-31	广东	电子设备制造	10.13

来源：清科研究中心根据公开资料整理

2.3 中国新三板市场情况

2.3.1 新三板挂牌企业地域分布

2018—2019H1，中国新三板挂牌企业共 704 家，从地域分布来看，新三板挂牌企业数量排名前两位的是广东、江苏，分别有 102 家、92 家，占期间挂牌企业总数的 27.5%；其次是浙江、山东、北京、上海，分别有 64 家、60家、50 家、48 家，合计 222 家，总占比为 31.5%。此外，多数省市的挂牌企业数量在 5~20 家不等，贵州、吉林、宁夏、海南、青海、西藏等地的新三板挂牌企业较少（见图 2-14）。

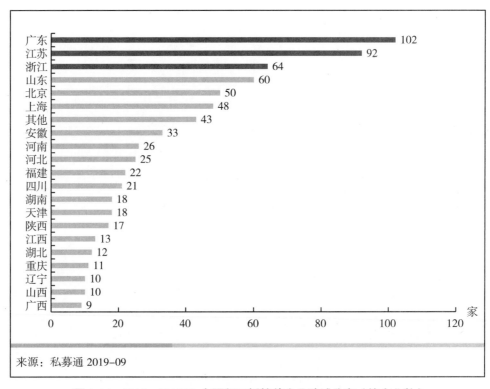

来源：私募通 2019-09

图 2-14　2018—2019H1 中国新三板挂牌企业地域分布（按企业数）

2.3.2　新三板企业增发情况

2018—2019H1，新三板企业增发案例共 1 843 起，增发获配总金额共计 975 亿元。受市场环境变化和金融去杠杆政策的影响，中国新三板市场持续遇冷。从新三板企业增发案例数来看，除 2018Q2 有小幅提升外，2018Q3 到 2019Q2，新三板增发案例数连续四个季度下滑。2019 年上半年，更是有多家企业主动从新三板摘牌，有 20 家新三板公司成功转 IPO，如新东方在线、帝尔激光、如涵控股等（见图 2-15）。

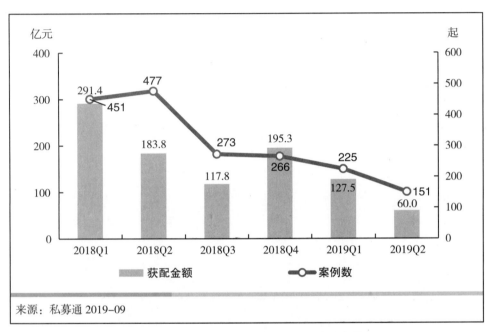

来源：私募通 2019-09

图 2-15　2018—2019H1 中国新三板企业增发情况

2.3.3　新三板增发企业地域分布

2018—2019H1，从新三板增发企业的地域分布来看，广东、北京、江苏位列前三名，分别有 317 起、239 起、230 起事件，合计 786 起，总占比 42.6%；上海、浙江的新三板企业定增案例较多，分别有 145 起、137 起；此外，多数省市的新三板企业增发案例在数十起（见图 2-16）。

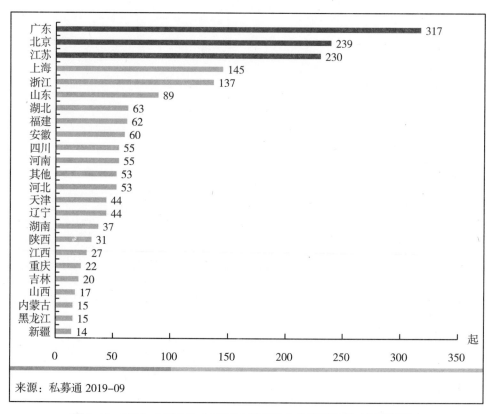

来源：私募通 2019-09

图 2-16　2018—2019H1 中国新三板增发企业地域分布（按案例数）

从获配金额来看，四川、江苏、北京、广东获配金额均超 100 亿元。其中，四川排名第一，主要是受超大获配金额的影响，四川国机重型装备集团有限公司在统计期间内两次增发，获配金额达 129.7 亿元，占期间四川总获配金额的 70.3%（见图 2-17）。

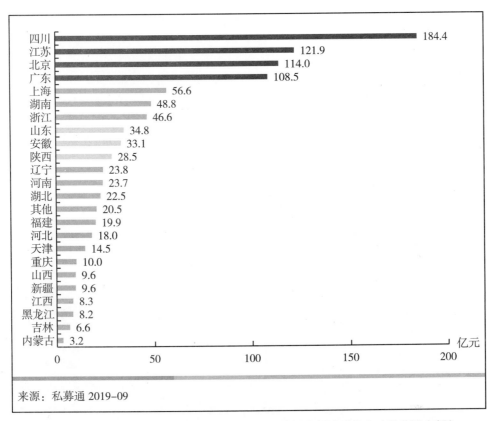

来源：私募通 2019-09

图 2-17　2018—2019H1 中国新三板增发企业获配金额地域分布（按获配金额）

2.4　中国并购市场情况

2.4.1　并购市场规模情况

2018—2019H1，中国并购市场案例数共 13 630 起，并购总金额共 27 909.8

亿元。从各季度并购案例数来看，除 2019Q1 外，其他季度案例数均在 2 000 起以上，2019Q1、Q2，中国并购市场案例数下降，分别较 2018 年同期下降了 21.3%、14.5%（见图 2-18）。从季度并购金额来看，2018Q1、2018Q2 和 2018Q4 并购金额均超过 5 000 亿元，2019Q1 和 2019Q2 并购金额持续下降，分别较 2018 年同期下降了 20.8%、41.1%（见图 2-19）。

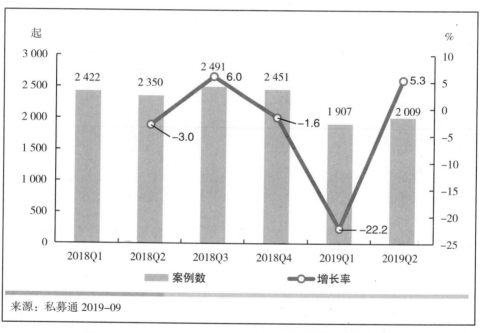

来源：私募通 2019-09

图 2-18　2018—2019H1 中国并购市场投资规模（按案例数）

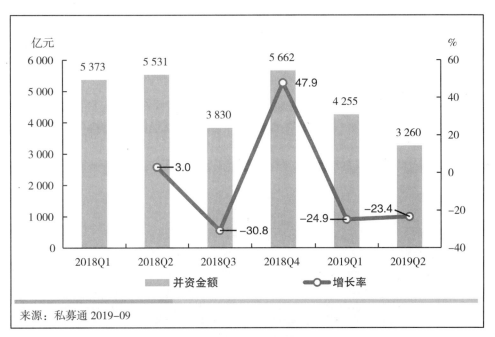

来源：私募通 2019-09

图 2-19　2018—2019H1 中国并购市场投资规模（按并购金额）

2.4.2　并购交易方式分布

中国并购市场交易方式类型多元，包含对外投资、全国股转系统、协议转让、定向增发、发行股份购买、股权拍卖、挂牌转让、行政划拨、要约收购、增资、资产置换等方式。其中，**协议转让、对外投资、发行股份购买、全国股转系统在中国并购市场活跃度较高**。值得注意的是，协议转让和对外投资这两种方式在并购事件数量和交易金额规模上占比均较高；全国股转系统虽然事件数量占比较高，但交易金额规模较小；发行股份购买与之相反，在事件数量上占比较小，但交易金额规模相对较大。

2018—2019H1，**按案例数统计**，中国并购市场共发生 13 630 起并购事件，其中通过对外投资、全国股转系统、协议转让这三种交易方式完成并购的事件分别达到了 3 845 起、3 683 起、3 328 起，分别占并购事件总数的 28.2%、27.0%、24.4%，合计占比约 79.6%；其次，通过增资方式完成并购的事件数达到了 1 801 起，占比超过 13%；此外，发行股份购买、挂牌转让、要约收购和其他交易方式的事件数量不多，合计占比在 7% 左右（见图 2-20）。

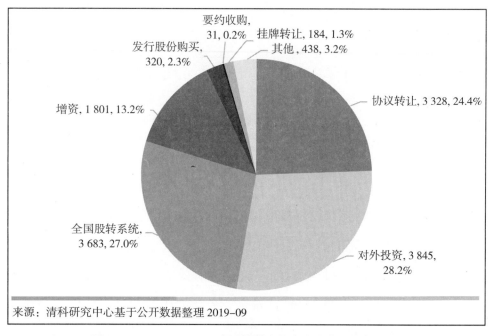

来源：清科研究中心基于公开数据整理 2019-09

图 2-20　2018—2019H1 中国并购交易方式分布（按案例数）

2018—2019H1，**按交易金额统计**，中国并购交易总规模达到 2.79 万亿元，其中通过协议转让完成并购的金额达到 1.03 万亿元，占总并购金额比重最大，达 36.8%；其次，通过发行股份购买、对外投资的方式完成并购的交易金额达到 6 032 亿元和 5 388 亿元，分别占比 21.6% 和 19.3%；此外，通过增资、挂牌转让、要约收购、全国股转系统和其他并购方式完成的交易金额占比分别为12.9%、2.3%、1.3%、0.5% 和 5.2%，合计占比 22.2%（见图 2-21）。

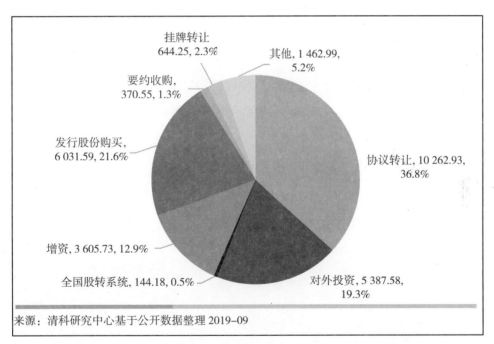

来源：清科研究中心基于公开数据整理 2019-09

图 2-21　2018—2019H1 中国并购交易方式分布（按交易金额）

第三章

2018—2019H1 中国股权投资市场投资方分析

3.1　中国私募股权投资市场投资方分析

3.1.1　投资方类型分布

中国私募股权投资市场主要包括天使投资人、早期机构、VC、PE、战略投资者、FOFs 等投资方类型。整体来说，PE、VC、**战略投资者**在私募股权投资领域的活跃度较高。

从投资方数量来看，2018—2019H1，中国私募股权投资市场参投机构有近 5 400 家，其中 VC 机构约有 1 884 家，PE 机构约有 1 617 家，二者合计占比约为 65%；其次是战略投资者和早期机构，分别有 1 259 家和 346 家，占比分别为 23.3% 和 6.4%；此外，天使投资人、FOFs、其他投资机构也有 293 家。**从投资金额来看，**2018—2019H1，中国私募股权市场披露的投资总金额约为 1.16 万亿元，其中 PE 投资总占比超过 57%，投资总金额达到了 6 617 亿元；VC 和战略投资者投资金额分别达到了 2 547 亿元和 1 973 亿元，占比分别为 22.0% 和 17.0%；此外，早期机构、天使投资人、FOFs、其他投资机构的投资金额共计约 446 亿元，占比 3.9%（见图 3-1）。

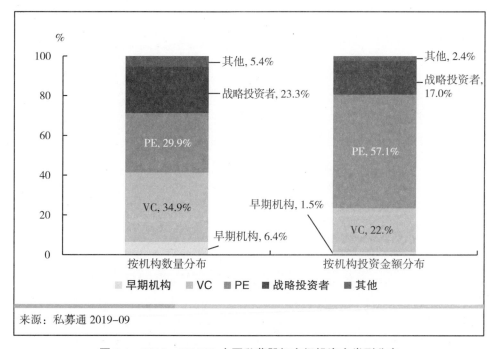

图 3-1　2018—2019H1 **中国私募股权市场投资方类型分布**

2018—2019H1，在中国私募股权投资领域，投资金额和投资事件数量较多的**代表性 PE 机构**有远洋资本、华平投资、淡马锡投资、高瓴资本、鼎晖投资、建银国际、招商局资本等。2018—2019H1，在中国私募股权投资领域，投资金额和投资事件数量较多的**代表性 VC 机构**有红杉中国、IDG 资本、深创投、启明创投、君联资本、元禾控股、晨兴资本、普华资本、北极光、经纬中国、顺为资本等。

3.1.2　投资方地域分布

2018—2019H1，中国私募股权投资领域参投机构的地域分布广泛，涉及多个省市。根据投资方总部所在地址统计，除去个人投资者及未披露总部地址的投资机构，纳入统计范围的机构有 4 800 多家。

从投资方数量来看， 中国私募股权投资机构相对集中在北京、上海、广东三地，分别达 1 144 家、860 家、771 家，合计占期间中国私募股权投资领域

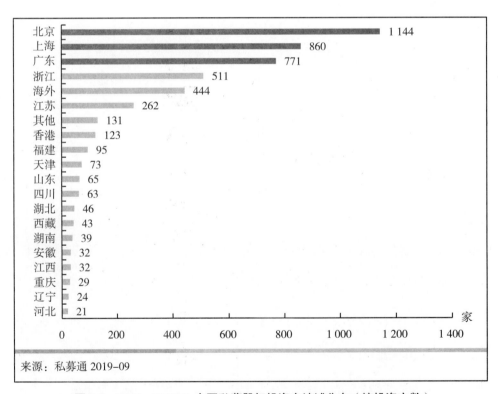

来源：私募通 2019-09

图 3-2　2018—2019H1 中国私募股权投资方地域分布（按投资方数）

全部参投机构的 57.7%；其次，浙江、江苏地区和海外的机构分别有 511 家、444 家、262 家，分别占比 10.6%、9.2%、5.4%（见图 3-2）。其中，总部在海外的投资机构主要分布在纽约、波士顿、东京、巴黎、新加坡、首尔、布鲁塞尔等发达地区；此外，其他省市的投资机构分布相对均衡。

3.2　中国上市定增投资方分析

与中国私募股权投资领域投资方的类型相比，参与上市定增的投资方的类型更多，包括投资公司、个人投资者、基金管理公司、创业投资公司、资产管理公司、财险公司、证券公司、信托公司、期货经纪公司等多种类别。值得注意的是，在上市定增方面，无论是从投资方数量还是从投资规模来看，投资公司占比均较大；个人投资者虽然数量最多，但投资金额规模总体较小。

2018—2019H1，**从投资方数量来看**，参与中国上市定增的投资方达到了 2 650 家。分类别来看，个人参与上市定增的达到了 1 376 人，占比超过 50%；其次，参与上市定增的投资公司达到了 596 家，占比达 22.5%；参与上市定增的资产管理公司、基金管理公司、创业投资公司不多，占比分别为 3.0%、2.7%、2.2%；此外，还有多种类型的其他投资方，总数量占比在 17.7% 左右。

2018—2019H1，**从投资金额来看**，中国上市定增的规模达到了 1.06 万亿元。从投资方类型的分布来看，投资公司参与上市定增的规模达到了 3 523 亿元，占比达 33.3%；其次，个人投资者参与的定增规模达 1 119 亿元，占比

10.6%；此外，其余多种类型的投资方涉及的定增规模较为分散，共计 4 681
亿元，占比 44.2%，其中参与上市定增金额相对较大的有资产管理公司、基金
管理公司、创业投资公司等（见图 3-3）。

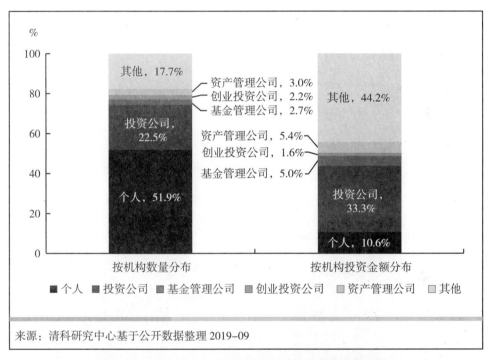

来源：清科研究中心基于公开数据整理 2019-09

图 3-3　2018—2019H1 中国上市定增投资方类型分布情况

3.3　中国新三板定增投资方分析

参与新三板定增的投资方类型也非常多，包括个人投资者、投资公司、创

业投资公司、证券公司、资产管理公司、保险经纪公司、基金管理公司、期货经纪公司、信托公司等多个类别。值得注意的是，个人参与新三板定增的数量虽然非常庞大，但金额规模相对较小；投资公司参与新三板定增的数量占比较小，但金额规模占比最大。

2018—2019H1，**从投资方数量来看，**参与中国新三板定增的投资方达到了 10 669 家。分类别来看，个人投资者参与新三板定增的达到了 8 641 人，占比超过 8 成；其次，参与新三板定增的投资公司达到了 1 053 家，占比近

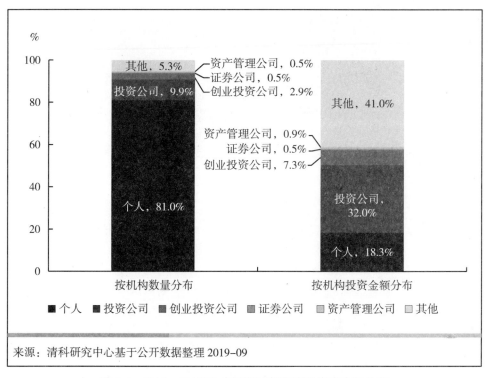

来源：清科研究中心基于公开数据整理 2019-09

图 3-4 2018—2019H1 中国新三板定增投资方类型分布

10%；此外，创业投资公司、资产管理公司、证券公司和其他机构参与新三板定增的数量不多，分别占比 2.9%、0.5%、0.5%、5.3%（见图 3-4）。

2018—2019H1，**从投资金额来看，**中国新三板定增的规模达到了 976 亿元。从投资方类型分布来看，投资公司参与新三板定增的规模达到了 312 亿元，占比达 32%；其次，个人投资者参与的定增规模达 179 亿元，占比达 18.3%；此外，其余各类投资方涉及的定增规模较为分散，共计 485 亿元。

第四章

2018—2019H1 中国股权投资市场投资行业分布

4.1　中国私募股权投资市场重点行业分析

4.1.1　重点行业投资规模情况

2018 年以来，我国私募股权市场整体投资规模趋缓，私募机构对单个案例的投资也更加谨慎。根据清科研究中心私募通数据，2018—2019H1，中国私募股权投资市场共披露投资事件 12 344 起，披露投资金额 11 583 亿元，其中 IT、互联网、生物技术 / 医疗健康、金融、娱乐传媒、电信及增值业务等行业的投资活跃度较高。

从投资案例数来看， 2018—2019H1，IT、互联网、生物技术 / 医疗健康三个行业的投资事件均超过千起，分别为 2 882 起、2 369 起和 1 671 起，位居全行业前三；其次，娱乐传媒、电信及增值业务、金融三大行业的投资案例数也较多，处于 600~800 的区间；其他披露案例数相对较多的行业有电子及光电设备、机械制造、教育及培训、连锁及零售等；此外，投资案例数较少的行业有纺织服装、农林牧渔、能源及矿产、广播电视及数字电视等（见图 4-1）。

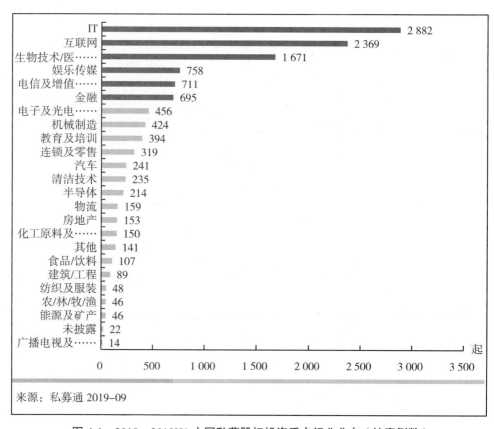

图 4-1　2018—2019H1 中国私募股权投资重点行业分布（按案例数）

从投资金额来看， 2018—2019H1，披露投资金额达到千亿规模以上的行业有四个，分别为金融、互联网、IT、生物技术／医疗健康，四个行业披露总投资金额为 6 329 亿元，占全行业的比例达到了 54.6%。值得注意的是，金融行业投资案例数排名第六，但受单笔投资额较大的影响，金融行业 1 993 亿元的总投资金额位居全行业第一；其次，互联网、IT、生物技术／医疗健康三大行业的投资额分别为 1 714 亿元、1 421 亿元、1 201 亿元；此外，物流、电信及增值业务的总投资额也较大，处于全行业靠前的位置（见图4-2）。

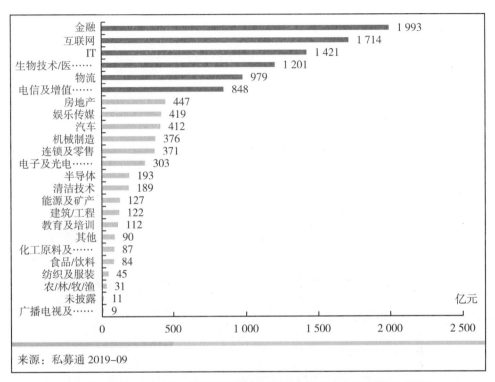

来源：私募通 2019-09

图 4-2 2018—2019H1 中国私募股权投资重点行业分布（按投资金额）

4.1.2 重点行业投资轮次分布

2018—2019H1，中国私募股权投资市场，IT、互联网、生物技术 / 医疗健康、金融、娱乐传媒、电信及增值业务这六大重点行业共披露 9 086 起投资事件，披露投资金额达 7 596 亿元，分别占全行业总披露案例数、总披露投资金额的 73.6%、65.6%。

从投资案例数来看，统计期间内，六大重点行业的投资轮次主要集中在 A 轮、B 轮和天使轮，分别完成了 3 409 起、1 503 起、1 917 起事件。其中，IT 行业以 1 116 起、461 起、666 起分别在 A 轮、B 轮、天使轮投资事件中拔得头筹。此外，生物技术 / 医疗健康行业的 A 轮投资事件数占比达 43.7%，较其他行业更高。与其他行业在天使轮事件数量更多不同，生物技术 / 医疗健康、电信及增值业务两个行业的 B 轮投资事件数分别为 322 起、138 起，均超过所在行业的天使轮投资事件数（见图 4-3）。

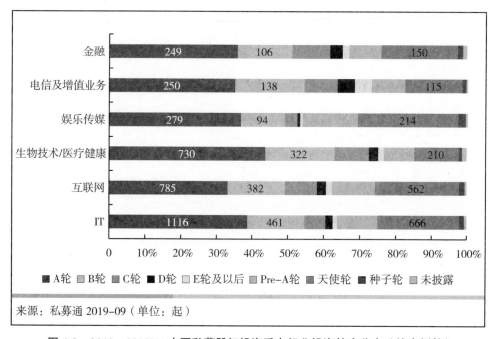

来源：私募通 2019-09（单位：起）

图 4-3   2018—2019H1 中国私募股权投资重点行业投资轮次分布（按案例数）

　　从投资金额来看，在统计期间内，六大重点行业合计在 C 轮的投资金额最高，达 2 238 亿元，总占比接近 30%，其中金融行业贡献最大，其 C 轮投资额达 1 315 亿元，占六个行业 C 轮总投资额的比例接近 59%；紧随其后的是 A 轮和 B 轮，分别披露投资金额 1 876 亿元、1 205 亿元。总的来说，六大重点行业的私募股权投资集中在早期投资市场，投资事件数集中在 A 轮、B 轮和天使轮，投资金额集中在 A 轮、B 轮和 C 轮（见图 4-4）。

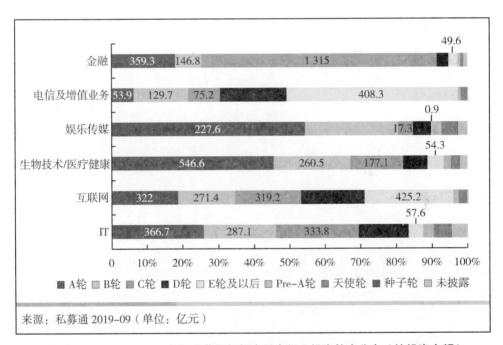

来源：私募通 2019-09（单位：亿元）

图 4-4　2018—2019H1 中国私募股权投资重点行业投资轮次分布（按投资金额）

4.1.3 重点行业投资阶段分布

2018—2019H1，中国私募股权市场，IT、互联网、生物技术/医疗健康、金融、娱乐传媒、电信及增值业务六大重点行业共披露 9 086 起投资事件，披露投资金额达 7 596 亿元（见图 4-5）。

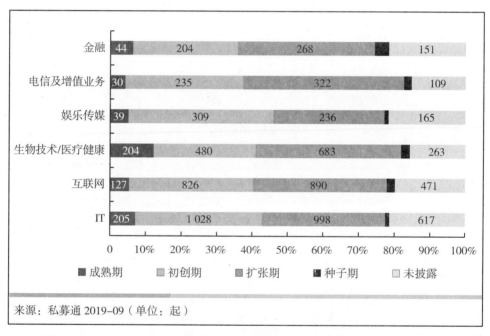

来源：私募通 2019-09（单位：起）

图 4-5　2018—2019H1 中国私募股权投资重点行业投资阶段分布（按案例数）

从投资案例数来看，私募机构对六大重点行业的投资均主要集中在初创期和扩张期的企业，披露案例数分别为 3 082 起、3 397 起，分别占六大行业总案例数的 34% 和 37% 左右。**从投资金额来看，**扩张期以 3 415 亿元领跑其他阶段，占比约为 45%；成熟期的案例数虽然较少，但投资金额为 2 045 亿元，位列四个投资阶段的第二位，占比约为 27%；随后是初创期投资，投资金额为 1 592 亿元，占比约为 21%（见图 4-6）。

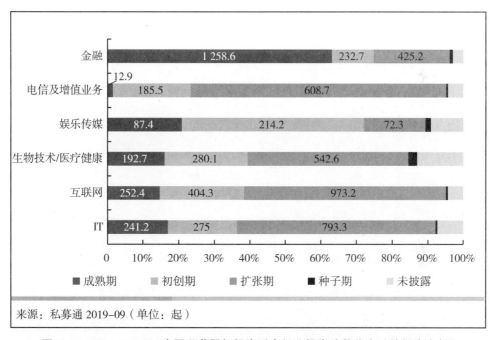

来源：私募通 2019-09（单位：起）

图 4-6 2018—2019H1 中国私募股权投资重点行业投资阶段分布（按投资金额）

4.1.4 重点行业投资地域分布

2018—2019H1，中国私募股权市场六大重点行业的投资主要集中在北京、

上海、深圳、浙江、江苏、广东（除深圳）、四川、湖北、福建、天津等地区，
这 10 个省市集中了全国六大重点行业 70%~80% 的投资案例数和投资金额。

从投资案例数来看，中国私募股权市场六大重点行业案例数最多的城市是
北京，达 2 948 起，特别是娱乐传媒和电信及增值业务行业，投资于北京的案
例数占比均超过 40%；其次，上海、广东地区的投资热度也较高，案例数分
别为 1 712 起、1 543 起。总体而言，北上广地区占据绝对优势，东部地区如
浙江、江苏较为活跃，中西部地区如四川、湖北逐渐崛起（见图 4-7）。

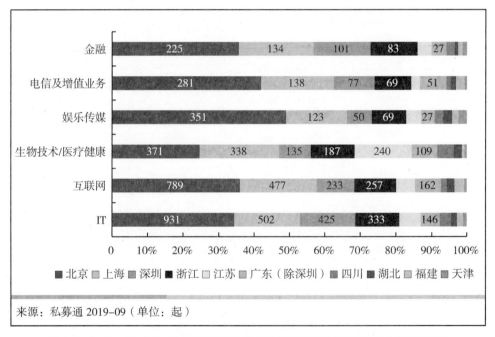

图 4-7　2018—2019H1 中国私募股权投资重点行业重点城市分布（按案例数）

从投资金额来看, 北京以 2 642 亿元领跑全国,特别是 IT 和互联网行业,分别披露投资金额 638 亿元和 759 亿元,分别占期间各自行业总投资金额的 44.9% 和 44.3%。浙江和上海分别以 1 544 亿元和 1 433 亿元的投资额排名第二、第三位。总体来看,北上浙地区六大重点行业的投资金额合计为 5 619 亿元,占六个行业总投资额的 74% 左右。此外,深圳、江苏六大重点行业的投资规模均在 500 亿元左右,四川、湖北、福建、天津在 60 亿~130 亿元的范围内(见图 4-8)。

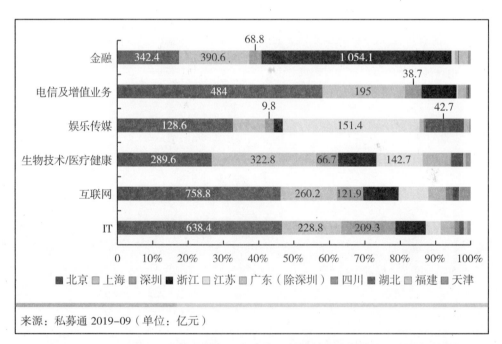

来源:私募通 2019-09(单位:亿元)

图 4-8　2018—2019H1 中国私募股权投资重点行业重点城市分布(按投资金额)

4.2 中国 A 股市场重点行业分析

4.2.1 中国企业境内外上市市场及行业分布

从上市的资本市场分布来看，2018—2019H1，中国境内外上市企业共 461 家，总筹资金额为 5 759 亿元，主要的上市市场有上交所、深交所（含主板、创业板、中小板）、港交所、纽交所、纳斯达克、法兰克福等。其中，中国企业在港交所主板上市的企业数量和筹资规模均居各交易所首位，上市企业 170 家，总筹资规模接近 3 000 亿元，遥遥领先于其他市场；其次为上交所，期间上市企业数量达 85 家，筹资规模超 1 200 亿元。此外，上市企业数量较多的

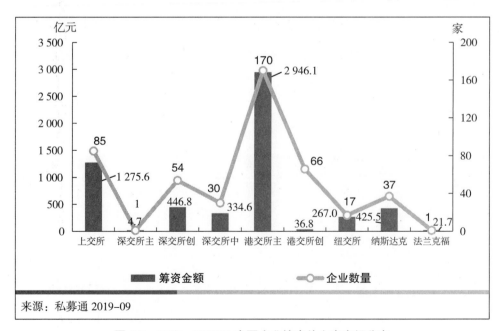

来源：私募通 2019-09

图 4-9　2018—2019H1 中国企业境内外上市市场分布

市场还有港交所创业板、深交所创业板和纳斯达克；总筹资规模较大的市场还有深交所创业板、纳斯达克，筹资规模均在 400 亿元以上。2018—2019H1，上市企业数量最少的是深交所主板和法兰克福，各自只有一家中国企业上市，同时总筹资金额最少的也是深交所主板（见图 4-9）。

从上市企业的行业分布来看，2018—2019H1，境内外上市的中国企业主要集中于金融、生物技术 / 医疗健康、机械制造及互联网等行业，其中金融业的上市企业数量达 57 家，筹资金额接近 800 亿元，均为各行业最高。从上市企业的数量看，排名前四的行业为金融、机械制造、建筑 / 工程、生物技术 /

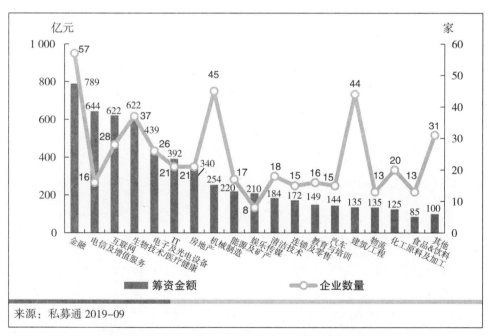

来源：私募通 2019-09

图 4-10　2018—2019H1 中国境内外上市企业行业分布

医疗健康，分别有 57 家、45 家、44 家、37 家企业上市，合计 183 家，占期间全部上市企业数量的 40% 左右。从筹资金额来看，金融、电信及增值服务、互联网、生物技术 / 医疗健康四个行业的筹资规模较大，共计达 2 676 亿元，占期间全部上市企业筹资总额的 46.5%（见图 4-10）。

4.2.2　A 股上市企业行业分布

从上市地点来看，2018—2019H1，中国 A 股（包括上交所、深交所主板、深交所创业板、深交所中小板）新上市企业 170 家，总筹资额超过 2 000 亿元，其中上交所新上市企业数量为 85 家，总筹资规模达 1 275.6 亿元，大幅领先于其他市场；其次为深交所创业板和深交所中小板，其新上市企业数量分别为 54 家和 30 家，筹资规模分别为 446.8 亿元和 334.6 亿元。新上市企业数量最少的是深交所主板，统计期内仅有一家中国企业上市，筹资金额仅为 4.7 亿元（见图 4-11）。

从上市企业的行业分布来看，2018—2019H1，在 A 股上市的中国企业主要集中于电子及光电设备、金融、机械制造、化工原料及加工、生物技术 / 医疗健康等行业。

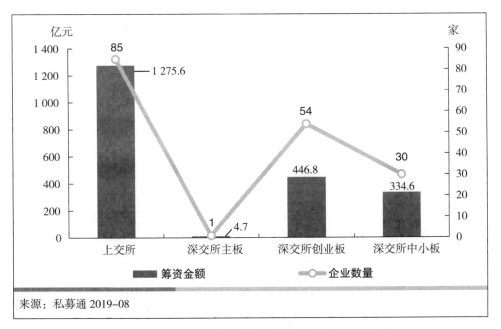

来源：私募通 2019-08

图 4-11　2018—2019H1 中国 A 股新上市企业市场分布

从上市企业的数量来看，排名前四的行业为机械制造、电子及光电设备、化工原料及加工、金融，分别有 32 家、19 家、17 家、16 家企业上市，合计 84 家，占期间全部 A 股上市企业数量的近 50%。**从筹资金额来看**，电子及光电设备、金融、机械制造、生物技术/医疗健康四个行业的筹资规模较大，共计达到了 1 167 亿元，占期间全部 A 股 IPO 中国企业筹资总金额的 56.6%（见图 4-12）。

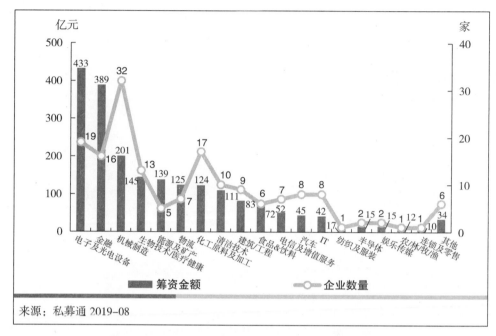

图 4-12   2018—2019H1 中国 A 股新上市企业行业分布

4.2.3   A 股定增企业行业分布

2018—2019H1，中国 A 股企业上市增发案例共 381 起，涉及上市企业 324 家，总筹资额超过万亿元。**从案例数来看**，A 股增发企业集中于机械制造、化工原料及加工、能源及矿产、电子及光电设备、IT 等行业，分别有 50 起、50 起、36 起、32 起、31 起增发事件，合计 199 起，占增发案例总数的 52.2%；此外，生物技术 / 医疗健康、建筑 / 工程、清洁技术领域的上市定增案例也较多（见图 4-13）。

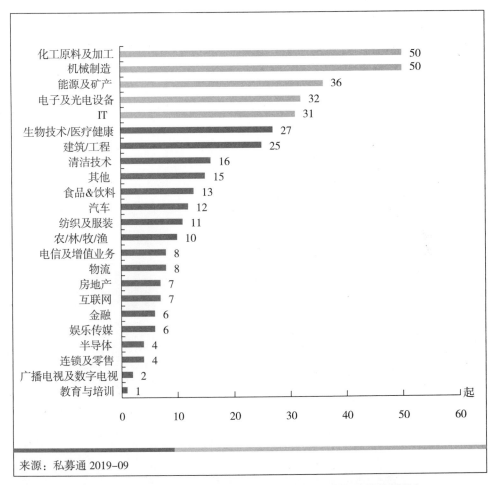

来源：私募通 2019-09

图 4-13　2018—2019H1 中国 A 股增发企业行业分布（按案例数）

从筹资金额来看，上市定增筹资金额较多的行业为金融、化工原料及加工、机械制造、能源及矿产等行业，四个行业上市定增总筹资额达到了 5 138 亿元，占期间全行业上市定增总筹资额的 48.5%；其次是互联网、清洁技术、电子及光电设备等行业，上市定增总筹资额均在 500 亿～600 亿元的规模。整体来看，半导体、广播电视及数字电视、电信及增值服务、教育与培训等行业的增发案例数和筹资额均较少（见图 4-14）。

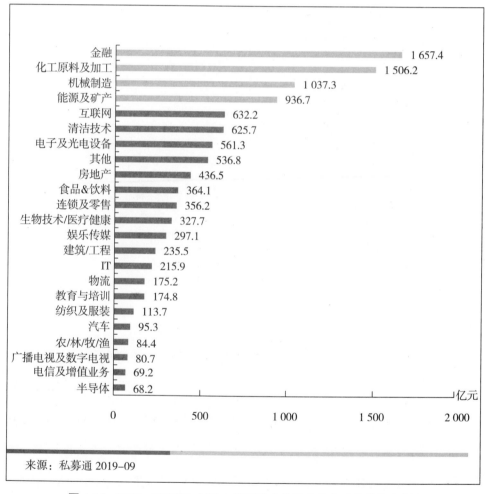

来源：私募通 2019-09

图 4-14　2018—2019H1 中国 A 股增发企业行业分布（按筹资金额）

4.3 中国新三板市场重点行业分析

4.3.1 新三板挂牌企业行业分布

2018—2019H1，中国新三板挂牌企业共 704 家，募资总额达 1 273 亿元。从行业分布来看，挂牌企业集中于机械制造、IT、建筑 / 工程、化工原料及加工等行业，这四个行业挂牌企业总数为 332 家，占期间挂牌企业总数的 47.2%。其中，机械制造业挂牌企业达 125 家，占期间挂牌企业总数的 1/6，大幅领先于其他行业。此外，挂牌企业数量较少的行业有金融、半导体、教育与培训、物流、其他制造业等（见图 4-15）。

4.3.2 新三板定增企业行业分布

2018—2019H1，新三板企业增发案例共 1 843 起，增发获配总金额共计 975 亿元。**从案例数来看，**新三板定增集中于 IT、机械制造、生物技术 / 医疗健康等行业，这三个行业的新三板定增事件共 723 起，占期间新三板定增总案例数的近 40%。其中，IT、机械制造业新三板定增案例数分别达 296 起和 264 起，明显领先于其他行业。此外，建筑 / 工程、清洁技术、化工原料及加工、电子及光电设备行业的新三板定增案例也较多，均在百起以上。整体来看，新三板定增案例数量较少的行业有纺织服装、半导体、科学研究 / 技术服务和地质勘查、广播电视及数字电视、租赁和商务服务业等（见图 4-16）。

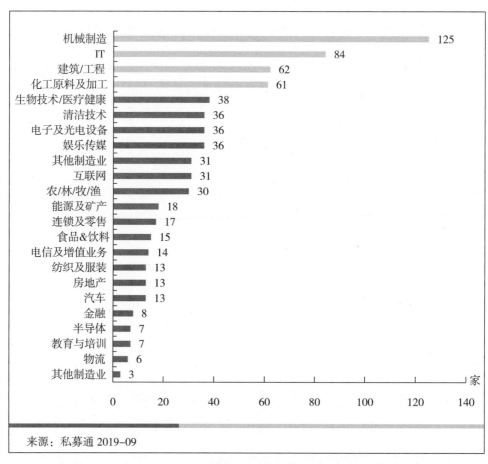

来源：私募通 2019-09

图 4-15 2018—2019H1 中国新三板挂牌企业行业分布（按企业数）

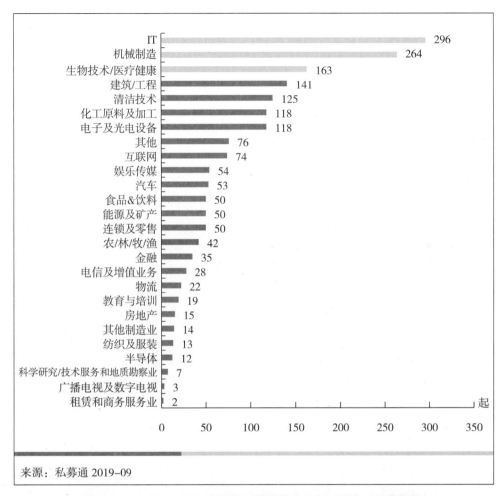

来源：私募通 2019-09

图 4-16　2018—2019H1 中国新三板定增企业行业分布（按案例数）

从筹资金额来看， 新三板定增筹资金额较大的行业是机械制造业，达 211.2 亿元，总占比 21.7%，大幅领先于其他行业；其次是清洁技术、IT、生物技术 / 医疗健康、化工原料及加工、金融等行业，筹资额均在 50 亿元以上，这五个行业的总筹资金额为 413.8 亿元，总占比 42.4%。此外，新三板增发筹资额较少的行业有纺织服装、科学研究 / 技术服务和地质勘查、广播电视及数字电视、租赁和商务服务业等（见图 4-17）。

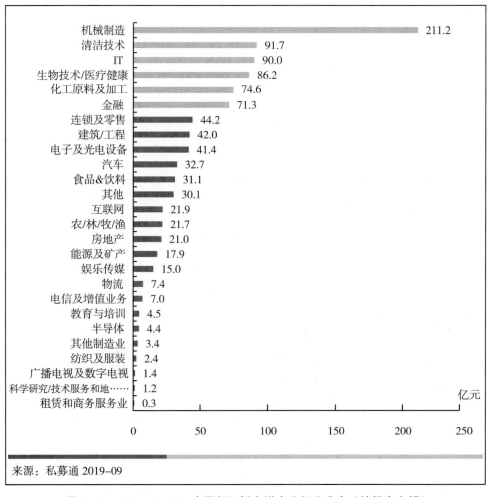

来源：私募通 2019–09

图 4-17　2018—2019H1 中国新三板定增企业行业分布（按投资金额）

4.4　中国并购市场重点行业分析

2018—2019H1，中国并购市场共完成 13 630 起并购事件，并购总金额共 27 909.8 亿元。**从并购案例数来看**，被并购方的行业集中于 IT、机械制造、金融、生物技术 / 医疗健康等行业，分别完成了 1 828 起、1 318 起、977 起、953 起并购事件，合计完成了 5 076 起并购事件，占期间总完成并购案例数的 37.2%。其中，IT、机械制造两大领域，期间完成的并购案均在千起以上。此外，科学研究 / 技术服务和地质勘查业、连锁及零售、化工原料及加工、电子及光电设备、建筑 / 工程、能源及矿产、清洁技术等行业完成的并购案也均在 500 起以上（见图 4-18）。

从并购金额来看，中国并购市场完成并购额较大的行业是金融行业，达 5 768 亿元，总占比 20.7%，大幅领先于其他行业；其次是机械制造、能源及矿产行业，分别完成并购金额 2 608 亿元、1 834 亿元。总体来看，中国并购市场行业分布相对集中，前三大行业合计完成并购金额 10 210 亿元，占期间全行业完成并购总额的 36.6%。此外，期间完成并购金额过千亿元的行业还有房地产、IT、电子及光电设备、生物技术 / 医疗健康、化工原料及加工、清洁技术、互联网等（见图 4-19）。

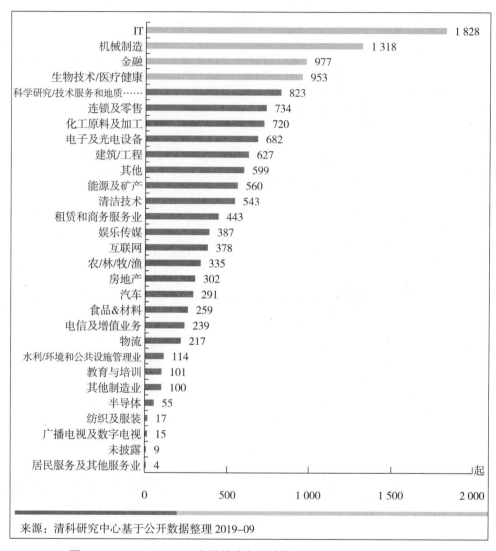

来源：清科研究中心基于公开数据整理 2019-09

图 4-18 2018—2019H1 中国并购市场被并购方行业分布（按案例数）

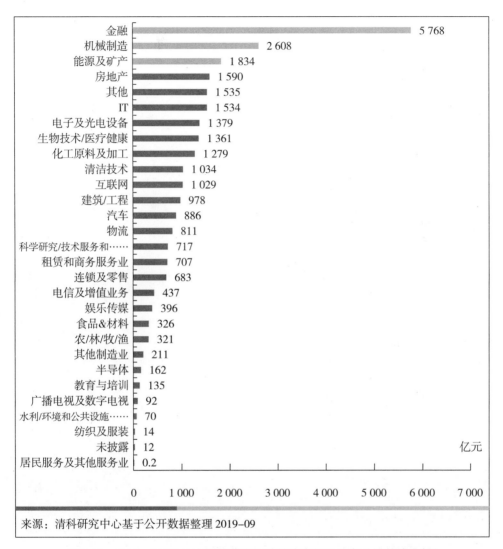

来源：清科研究中心基于公开数据整理 2019-09

图 4-19 2018—2019H1中国并购市场被并购方行业分布（按并购金额）

第五章

2018—2019H1 中国的银行系投资方股权投资情况

5.1 商业银行参与股权投资的发展概况

5.1.1 商业银行参与股权投资的相关政策

党的十九大报告从深化金融体制改革的角度明确指出，要增强金融服务实体经济能力，提高直接融资比重，促进多层次资本市场健康发展。商业银行作为我国金融体系中最重要的组成部分，应开阔思路，适应直接融资的发展趋势，发挥自身资金、渠道、客户方面的独特优势，为资本市场的流动性、稳定性、价值发现功能的完善发挥应有的作用。

近年来，监管层出台多项政策，鼓励商业银行开展投贷联动和债转股等创新业务。为有效提振经济、解决企业融资难的问题，监管层逐渐放松了对商业银行股权投资业务的限制，**2015 年底，"十三五"规划明确提出金融支持方式从债权融资向股债联动转变**。2016 年，中国银监会、中国人民银行、科技部等三部委联合发文，鼓励商业银行以投贷联动的形式加强对科创企业的金融支持力度。2018 年 12 月，中国银保监会发布《商业银行理财子公司管理办法》，允许理财子公司直接与符合规定的私募投资基金管理人合作，银行理财产品无须再嵌套其他资管产品（见表 5-1）。

表 5-1　商业银行参与股权投资业务相关政策情况

时间	单位	政策名称	相关内容
2018 年	中国银保监会	《商业银行理财业务监督管理办法》	加强对商业银行理财业务的监督管理，促进商业银行理财业务规范、健康发展
2018 年	中国银监会	《商业银行理财子公司管理办法》	理财子公司可直接与符合规定的私募投资基金管理人合作，银行理财产品无须再嵌套其他资管产品
2018 年	中国银监会	《商业银行股权管理暂行办法》	规范商业银行股东行为，弥补监管短板
2016 年	国务院	《关于市场化银行债权转股权的指导意见》	监管层鼓励商业银行按照市场化的方式有序开展银行债转股业务
2016 年	中国银监会、中国人民银行、科技部	《关于支持银行业金融机构加大创新力度开展科创企业投贷联动试点的指导意见》	鼓励商业银行以投贷联动的形式加强对科创企业的金融服务力度
2014 年	中国证券监督管理委员会	《私募投资基金监督管理暂行办法》	商业银行可申请私募股权投资基金管理人资格，进而从事私募股权投资业务
2009 年	中国银监会	《商业银行投资保险公司股权试点管理办法》	允许商业银行对保险公司股权进行试点投资
2008 年	中国银监会	《银监会关于印发〈商业银行并购贷款风险管理指引〉的通知》	允许符合条件的商业银行开展并购贷款业务，为商业银行合规开展股权融资业务打开了一扇大门
2007 年	中国银监会	《金融租赁公司管理办法》	同意商业银行对建立金融租赁公司进行试点，交通银行通过控股信托公司的方式，成为第一家进入信托业的商业银行
2005 年	中国人民银行、中国银监会、中国证监会	《商业银行设立基金管理公司试点管理办法》	允许商业银行设立基金管理公司
2004 年	中国银监会	《信托投资公司行政许可事项实施规定》	为商业银行进入信托业开展股权投资提供了政策依据

（续表）

时间	单位	政策名称	相关内容
2001 年	中国人民银行总行	《商业银行中间业务暂行规定》	商业银行可以进行资本市场边缘业务经营
1995 年	全国人大常委会	《商业银行法》	禁止商业银行直接从事股权投资业务

来源：清科研究中心根据公开资料整理

5.1.2　商业银行参与股权投资的业务模式

商业银行参与股权投资业务是必然选择。一方面，受经济增长降速、金融脱媒、利率市场化、互联网金融冲击等因素的影响，商业银行传统利差模式的盈利压力激增，业务增长乏力、利润下滑，推动商业银行积极拓展资产管理、投行、托管、财务顾问等新兴业务，向综合化经营方向转型，为商业银行开展股权投资业务提供了内部动力。另一方面，监管政策逐渐松绑，为商业银行开展股权投资业务提供了外部保障，一些商业银行逐渐通过设立海外子公司，或者与私募股权投资基金合作等间接方式，积极参与私募股权投资业务，积累了一定的现实技术条件。

从国际经验来看，部分发达国家的金融业实行混业经营制度，商业银行可以设立直投部门直接进行股权投资，但具体发展路程各有不同。除德国银行业一直实行银行业务与股权投资业务混业经营外，美国、日本、英国等国家商业银行的发展，均经历过从"分业经营"到"混业经营"的发展过程。而我国的《商业银行法》规定："商业银行在境内不得从事信托投资和股票业务，不得投资于非自用不动产。商业银行在境内不得向非银行金融机构和企业投资。国务院另有规定的除外。"

（1）国外商业银行股权投资的发展模式

世界金融业大体经历了融合、分立、再融合的发展历程，现代商业银行业务出现了向混业经营的全能型银行发展的趋势。广义的全能银行等于"商业银行 + 投资银行 + 保险公司 + 非金融企业"，狭义的全能银行主要是指能够从事银行、证券、保险、金融衍生业务、其他新兴金融业务等所有金融业务的银行，业务范围至少涵盖两个不同的金融行业。

根据商业银行设置的股权架构的不同，发达国家商业银行的混业经营大致可分为三种业务发展模式：**金融控股公司模式、银行母公司模式、银行事业部模式**，分别以美国和日本、英国、德国为代表。

美国和日本——金融控股公司模式

美国和日本的商业银行主要以金融控股公司的模式参与股权投资。金融控股公司模式是以集团公司作为控股公司，然后设立商业银行、证券公司、保险公司、信托公司等子公司，且集团公司对旗下各子公司具有经营决策权和人事任免权，是各子公司的实际控制主体。通常情况下，为实现风险隔离，各子公司之间会独立开展业务，但各子公司之间也可通过交叉营销等方式实现一部分利益共享。以美国花旗集团为例，花旗集团旗下有花旗银行、美邦公司、花旗金融、花旗旅游等子公司，集团通过美邦公司开展股权投资业务，花旗银行则提供存款、信贷业务等。

较为特殊的是，在金融控股公司模式中，混业经营主要体现在集团公司层面，旗下各子公司之间并不属于严格意义上的混业经营，因此这种模式下的商业银行参与股权投资业务的程度较小。

英国——银行母公司模式

英国是采用银行母公司模式的国家。具体来说，银行母公司模式是指以商业银行本身作为母公司，在其麾下设立证券公司、保险公司、投资公司、信托公司等子公司，商业银行进而通过旗下子公司来开展各种金融业务。以英国巴克莱银行为例，巴克莱银行旗下设立了巴克莱资本、巴克莱全球投资等子公司。其中，巴克莱资本主要涉及投资银行业务，提供融资和风险管理解决方案，巴克莱银行通过子公司巴克莱资本开展股权投资业务，通过巴克莱全球投资提供投资管理产品和服务。

德国——银行事业部模式

德国是始终坚持商业银行混业经营的国家，其采取的全能银行模式是最为彻底地将银行与股权投资混业经营的模式，在该模式下，商业银行可通过设立事业部的形式经营各项股权投资业务。以德意志银行为例，其分为 CIB（企业及投资银行部）、GM（环球市场部）、PW&CC（财富管理部）三个事业部。其中，CIB 部门可直接进行企业并购、股权融资、债务融资、现金管理、贸易融资等多项业务，以德意志银行为主体来进行股权投资。但是，受 2008 年次贷危机爆发、投行业务激进扩张、产品违规遭受巨额罚单等系列事件的影响，德意志银行近年陷入连年亏损的窘境。对此，德意志银行进行了一系列调整。此次调整的两大亮点：一是削减投行业务中竞争力不足的证券销售及交易业务，并调整固定受益业务，尤其是利率产品相关交易；二是设立公司银行业务分部，该分部将由全球交易银行及德国商业银行业务组成。

值得注意的是，以德国为代表的银行事业部模式目前在中国是违背《商业银行法》规定的，中国的商业银行需要采用海外控股或信托控股的方式来控股证券公司，从而实现多牌照混业经营。

整体来看，全能银行以提供"一站式"金融服务为主要目标，可为客户提供融资、投资、财务咨询等全面的金融服务，同时降低交易成本。对于商业银行来说，全能银行模式有助于在不同业务间形成损益互补机制，分散和减少经营风险，同时有助于实现规模经济，形成成本优势。但是，全能银行模式本身也存在一些制度缺陷：一方面，全能银行强大的经济实力和集团优势，可能造成权力过大和对经济的影响太深等问题，同时也大大增加了内幕交易的可能，损害投资者利益；另一方面，全能银行的不同业务部门或子公司目标不一，潜在利益冲突较多，可能损害客户利益和银行声誉。

（2）国内商业银行股权投资发展模式

中国商业银行参与股权投资的业务模式大致分为五种，分别为子公司模式、私募基金管理人模式、通道模式、财务顾问模式、投贷联动模式（见表5-2）。整体来看，私募基金管理人模式受当前监管政策的约束，暂时不被允许；通道模式、财务顾问模式均属于间接参与股权投资的业务模式，具有一定的局限性；子公司模式合规性高，可以使商业银行较为直接地参与股权投资业务，但存在运营成本高、业务分离的问题；投贷联动模式与银行传统业务关联性强，受当前政策支持，但在组织、业务架构设计、风险管理等方面还需要更多探索。

投贷联动，即通过"股权＋债权"双管齐下的融资服务方式及合理的风险分担机制，用投资收益补偿银行债务性融资所承担的风险。在操作形式上，银行可采用成立类似风险投资公司或基金的方式，对创新企业给予资金支持，并建立在严格的风险隔离的基础上，以实现银行业资本性资金的早期介入，同时还可以通过信贷投放等方式，为企业提供另一种资金支持。

2015 年 3 月，国务院发布《关于深化体制机制改革加快实施创新驱动发展战略的若干意见》，首提"投贷联动"。2016 年 4 月，中国银监会、科技部与中国人民银行联合发布《关于支持银行业金融机构加大创新力度开展科创企业投贷联动试点的指导意见》，鼓励和指导银行业金融机构开展投贷联动业务试点，并明确了首批 5 个示范区和 10 家试点银行。2016 年 5 月，银监会发布《投贷联动试点工作正式启动》公告，宣布将有序开展投贷联动试点工作。2019 年 8 月，科技部印发《关于新时期支持科技型中小企业加快创新发展的若干政策措施》，旨在加快推动民营企业特别是各类中小企业走创新驱动的发展道路，强化对科技型中小企业的政策引导与精准支持。这份文件提到，开展贷款风险补偿试点，引导银行信贷支持转化科技成果的科技型中小企业。

表 5-2　国内商业银行参与股权投资的主要业务模式

模式	模式简介	特点及优劣势
海外子公司模式	在海外设立可以进行股权直投业务的子公司，由子公司参与股权投资业务	特点：为国外银行母公司模式在我国的演变 优势：合规性高，有效规避了《商业银行法》中对商业银行在境内不能参与股权直投业务的限制 劣势：海外子公司运营成本较高，商业银行与子公司进行业务合作时，有可能存在资源分配、考核激励等冲突
私募基金管理人模式	以商业银行作为法人的银行、资产管理部或投资银行部等相关部门作为备案主体，获得基金管理人资格，募集资金成立私募股权基金，参与股票、股权等多层次资本市场	特点：直接开展股权投资，目前不被允许 优势：该模式能最大限度地介入股权投资业务，分享企业成长收益 劣势：与现行法律冲突；以资管部或投行部名义承担基金的法人主体资格，不符合《民法通则》关于企业法人的规定
通道模式	通过发行理财产品认购信托公司、证券公司、基金公司发行的结构化的信托计划、券商资管计划、基金产品的优先级收益权，来间接参与证券一二级市场	特点：是当前商业银行参与股权投资的主流业务模式 优势：有利于高净值客户的留存；扩大了股权投资者的范围，有利于提高资金募集效率 劣势：为获得较高收益，有可能将劣后级的比例设得较低，导致击穿风险；标的资质不优，放大了客户的投资风险；存在为劣后级输送利益的道德风险
财务顾问模式	不动用资金直接或间接持有标的股权，而是充当中介角色参与股权投资业务，收取服务费用	特点：业务模式较谨慎 优势：可增加商业银行的中间业务收入 劣势：仅收取少量的中介费用，无股权投资收益，无法享受标的企业的成长收益
投贷联动模式	由商业银行独自或与股权投资机构合作，以"债权+股权"的模式提供融资，形成银行信贷和股权投资之间的联动融资模式	特点：需要商业银行从重抵押担保向第一还款来源回归，从回避风险向识别风险、理解风险、管理风险过度 优势：拓宽了中小企业的直接融资渠道，可较大程度地分享中小企业的成长收益 劣势：存在银行谨慎经营的原则与股权投资略显激进的冲突

来源：清科研究中心根据公开资料整理

与发达国家商业银行相比，我国商业银行的业务范围相对来说存在一定的局限性，主要以存贷差为利润来源，这在一定程度上制约了我国商业银行、特别是国有商业银行的盈利能力和金融服务能力的提升。在全球金融一体化的大背景下，全球银行业整体呈现出大型化、全能化、电子化、网络化、智能化的发展趋势，混业经营也是当前我国银行业的发展方向，在改进传统业务的基础上，国内商业银行也将向股权投资、财务咨询等多元化和全能化的方向发展。

在复杂的国际环境和监管升级的背景下，中国股权投资市场进入了调整期，"募资难"成为众多投资机构面临的普遍问题。国内商业银行在股权投资领域已经进行了十余年的探索、实践，出现了多种业务模式，而且相关政策对于银行参与股权投资的支持力度也在加大。2018年，中国银保监会发布《商业银行理财业务监督管理办法》《商业银行理财子公司管理办法》，分别对商业银行下设的资管部门以及商业银行设立理财子公司方式开展理财业务进行了规范。上述政策文件将与《资管新规》充分衔接，共同构成银行开展理财业务的监管体系，让更多银行理财资金以合法、规范的形式参与股权投资，进入实体经济和金融市场，这也意味着银行系投资方将成为中国股权投资市场的重要参与方。

5.1.3 商业银行参与股权投资的优势与所面临的问题

随着国际金融环境的日益开放和成熟，中国商业银行有关公司治理和内部风险控制的制度也逐渐得到完善，以中国人民银行、中国银保监会为首的监管层的理念和技术也在不断进步，商业银行参与股权投资产生的风险逐渐进入有效可控的范围。

（1）商业银行参与股权投资的优势

参与股权投资业务能为商业银行带来交叉销售的机会

商业银行通过贷款、债权融资等传统优势业务掌握了更多的客户信息，积累了强大的客户资源池。在开展股权投资业务时，商业银行可以充分利用资金、品牌、客户资源等优势，利用两项业务间的相似性形成协同效应，实现股权投资业务与传统业务的交叉销售。因此，商业银行开展股权投资时，具有比专业私募股权投资机构更多的资源优势，这些优势有助于其在一定程度上克服金融业务信息不对称的缺陷，同时商业银行也可将投资银行服务交叉销售给银行其他业务客户，从而节约市场开发成本、增加销售收入。

参与股权投资业务能为商业银行减少投资成本，提供新的利润增长点

当前，商业银行传统利差的盈利模式面临着前所未有的挑战，而私募股权投资市场的发展可为商业银行拓展新兴业务，股权投资业务的高回报可为商业银行提供新的利润增长点，推动银行向综合化、全面化的经营转型。以往，商业银行通过嵌套其他资管产品来间接参与股权投资，该模式会增加资金的流动成本和商业银行的投资成本，因为嵌套的资管产品越多，意味着支付给资管机构的费用也越多。新政策下，商业银行可以通过理财子公司，直接与符合规定的私募投资基金管理人合作，银行理财产品无须再嵌套其他资管产品。因此，商业银行可直接与合规的私募投资基金管理人合作，减少投资成本、增加利润。

（2）商业银行参与股权投资可能面临的问题

商业银行股权投资的产品结构复杂，容易产生系统性风险

目前，商业银行受国家政策的限制，无法直接参与股权投资，大部分商业银行借由券商、信托、基金、理财等通道间接迂回地参与股权投资。在这一背景下，商业银行股权投资通常涉及结构较为复杂的金融产品，如分级基金、私募基金、结构化产品、伞形信托等，虽然监管部门多，监管力度并不小，但产品复杂、透明度差，监管难度大，容易产生系统性金融风险。未来，随着商业银行参与股权投资业务的成熟，通过设立专门的风险管理团队和风控机制对风险进行识别和控制，有利于降低商业银行的系统风险。

现行监管制度下，商业银行股权投资的规模和通道受到一定限制

近年来，商业银行为适应金融脱媒、利率市场化等复杂的市场环境，纷纷向资管、投行等业务转型，但长期形成的传统信贷思维限制了其股权投资的参与程度。银行开展的股权投资业务，大多使用理财资金借助信托、私募基金、政府引导基金等形式完成。而在《资管新规》出台的背景下，商业银行运用理财资金开展股权投资业务的规模和通道都受到了限制，如一对一的穿透管理、期限不能错配的要求，加上投资者教育仍需要时间等因素，造成了表外资金在近期难以提供用于支持企业发展的股权性质的长期资金的问题。

5.2 股权投资市场中银行系投资方整体情况

5.2.1 银行系投资方类型情况

银行业金融机构除了银行本身外，还包括金融资产管理公司、信托公司、财务公司、金融租赁公司、消费金融公司、汽车金融公司和货币经纪公司等。根据银保监会的最新数据，截至 2018 年 12 月末，中国共有银行业金融机构 4 588 家，较 2017 年末的 4 549 家仅增加了 39 家，主要包括政策性银行、国有大型商业银行、全国性股份制商业银行（见表 5-3）、城市商业银行、民营银行、金融资产管理公司、农村商业银行、农村信用社、村镇银行、贷款公司、信托、金融租赁、财务公司等 21 个类型。

表 5-3　我国主要三大类银行名单

类型	名称
政策性银行	中国进出口银行、中国农业发展银行、国家开发银行
国有大型商业银行	中国建设银行、中国工商银行、中国农业银行、中国银行、中国交通银行、中国邮政储蓄银行
全国性股份制商业银行	中信银行、光大银行、平安银行、招商银行、兴业银行、广发银行、渤海银行、浙商银行、恒丰银行、华夏银行、浦发银行、民生银行

来源：清科研究中心根据公开资料整理

通过对三大政策性银行、6 家国有大型商业银行以及 12 家全国性股份制银行（见表 5-3）旗下主要投资业务平台的梳理，不难发现：①除邮政储蓄银行外，3 家政策性银行、5 家国有大型商业银行均设有专门的非银子机构或者控股公司以开展股权投资业务，其中比较有代表性的有：**中国建设银行、国家开发银行、中国工商银行、中国银行等**，这些银行较早地布局了股权投资领域，设有多个投资业务平台，在股权投资领域已经形成一定的业务规模。② 12 家全国性股份制商业银行中，多数银行并没有设立专门的非银子机构或者控股公司以进行股权投资业务，但银行所属的集团公司或控股股东，往往有多个与银行相对独立的投资业务平台。

综上所述，银行系投资方可以分为以下两大类。

第一类是银行本身、银行非银行业务子机构或者控股公司。例如，国家开发银行通过下属的国开金融、国开投资、国开创新资本等进行股权投资；建设银行、工商银行、农业银行等分别设立了建银国际、工银国际、农银国际等海外子公司，以开展股权投资业务（见表 5-4）。据不完全统计，第一类银行系投资方共有 240 多家，在管基金 600 多支。

第二类是金融控股公司，如中信集团、光大集团、平安集团等，通过资本运作搭建统一的业务平台，覆盖商业银行、保险、证券、基金等各类金融机构。此外，还有部分从银行业务部门中独立出来，但目前无股权关联的金融机构，例如，广发证券前身的广发银行证券部，目前已完全独立；兴业证券的前身为兴业银行证券业务部，后来应政策要求与兴业银行脱钩。据不完全统计，第二类银行系投资方共有 140 多家，在管基金 500 多支。

表 5-4　两大类银行系投资方基本情况

类型	代表性银行名称	代表性投资平台
第一类	国家开发银行	国开金融、国开投资、国开创新资本等
	中国进出口银行	国科瑞华创投基金、中非产能合作基金、丝路基金等
	中国农业发展银行	现代种业发展基金、先农投资、中国农业产业发展基金、中国农发重点建设基金等
	中国建设银行	建信信托、建信资本、建银国际、建信基金管理、建信金融资产投资、建信理财、建信股权等
	中国工商银行	工银瑞信基金管理、工银理财、中国工商银行北京信托投资公司等
	中国银行	中银国际控股、中银基金管理、中银理财、芜湖银晟特钢投资管理合伙企业（有限合伙）
	中国农业银行	农银汇理基金管理、农银国际控股、农银理财等
	中国交通银行	交银国际信托、交银国际控股、交银施罗德基金管理、交银理财等
	浦发银行	上海国际信托、上海巨富投资咨询、浦银安盛基金管理等
类型	代表性银行名称	具有共同的控股股东或历史关联的投资平台
第二类	中信银行	中信证券、中信信托、中信国金、中信资管
	光大银行	光大证券、光大金控、光大信托、光大控股、光大金瓯
	平安银行	平安资管、平安信托、平安创新资本、平安证券、平安基金
	招商银行	招商证券、招商资本
	渤海银行	渤海证券
	民生银行	民生证券
	兴业银行	兴业证券
	广发银行	广发证券

来源：清科研究中心根据公开资料整理

5.2.2　银行系投资方投资策略

整体来看，在股权投资市场，银行系投资方主要参与私募股权投资、上市增发、新三板增发、并购等业务。2018—2019H1，第一类银行系投资方共参与股权投资事件 179 起，总投资金额 800 多亿元；第二类银行系投资方共参与股权投资事件 184 起，总投资金额约 285 亿元。

整体来看，两类银行系投资方参与的投资案例数基本相当，但第一类银行系投资方的整体投资金额是第二类的 2.8 倍，两类投资方在投资轮次、投资阶段、投资地域上的投资策略均较为相似，同时在投资行业的整体布局上也较为相似，都相对聚焦于 IT、生物技术 / 医疗健康、互联网、机械制造、金融等行业（见表 5-5）。

表 5-5　2018—2019H1 两类银行系投资方的股权投资概况

类型	第一类	第二类
投资市场	私募股权投资、上市增发、新三板增发、并购	私募股权投资、上市增发、新三板增发
投资案例数	179 起	184 起
总投资金额	800 多亿元（包括 250 多亿元并购交易）	约 285 亿元
投资轮次	以 A 轮、上市定增、新三板定增、B 轮、C 轮为主	以 A 轮、新三板定增、上市定增、B 轮、C 轮为主
投资阶段	以扩张期、成熟期企业为主	以扩张期、成熟期企业为主
投资行业	IT、生物技术 / 医疗健康、金融、机械制造、半导体、能源及矿产	生物技术 / 医疗健康、互联网、IT、化工原料及加工、机械制造、金融等

（续表）

类型	第一类	第二类
投资地域	相对集中在北京、江苏、上海、浙江、广东、湖北等地	相对集中在北京、浙江、山东、江苏、广东、上海等地
代表性投资方	建银国际、国开金融、工银国际、建信（北京）投资基金管理、农银国信投资、农银资本、兴业国信等	招商资本、中信产业基金、中信资本、平安资本、金石投资、广发信德、广发乾和、光大控股等

来源：清科研究中心根据公开数据整理

5.3 代表性银行在股权投资领域的布局情况

5.3.1 中国建设银行

根据公开信息统计，中国建设银行下属一级控股、二级控股的非银金融机构共有 30 多家，其中一级控股的主要有建银国际（控股）有限公司、建信资本管理有限责任公司、建信信托有限责任公司、建信基金管理有限责任公司、建信养老金管理有限责任公司、建信金融资产投资有限公司、建信股权投资管理有限责任公司等。其中，建银国际（控股）有限公司（简称"建银国际"）成立于 2004 年，是中国建设银行旗下的全资附属投资银行旗舰，代表建设银行对外开展多元化的投资银行业务。根据清科研究中心私募通数据，建银国际管理的资本量已达到 1 280 亿元，管理基金 39 支，累计披露投资项目 265 个，退出项目 105 个，连续多年上榜清科集团评选的中国私募股权投资机构榜单，并获得"2018 年中国医疗健康领域投资机构 20 强"。

2018—2019H1，中国建设银行相关投资方在股权投资领域的投资案例共 80 多起，总投资金额超过 200 亿元，主要的投资主体有建银国际（控股）有限公司、建信（北京）投资基金管理有限责任公司、建信基金管理有限责任公司、建信股权投资管理有限责任公司等（见表 5-6）。

表 5-6　建设银行的主要股权投资主体简介

机构名称	简介
建银国际（控股）有限公司	建银国际成立于 2004 年，注册资本为 6.01 亿美元，是中国建设银行全资拥有的投行旗舰，业务围绕 Pre-IPO、IPO 与 Post-IPO 三大环节形成涵盖众多产品的完整投行产业链，为全球优质企业提供包括保荐与承销、财务顾问、企业收购兼并及重组、上市公司增发配售及再融资、直接投资、资产管理、证券经纪、市场研究及投资咨询等全方位的投行服务。在企业融资和资本市场服务方面，建银国际以多种角色服务数百家公司，累计融资金额超过 3 万亿港币；在直接投资业务方面，建银国际挖掘与培育了多家行业领先企业；在资产管理业务方面，建银国际成立了多只私募与公募投资基金
建信（北京）投资基金管理有限责任公司	建信（北京）投资基金管理有限责任公司是建信信托有限责任公司（简称"建信信托"）的全资控股子公司，成立于 2011 年，注册资本为 20.61 亿元。建信信托是由中国建设银行投资控股的非银行金融机构，受托管理的信托资产总规模保持在万亿元级别，位居行业前列。2009 年 2 月，报经国务院同意后，银监会批准建设银行增资控股原合肥兴泰信托，作为国有大型银行综合化经营试点。2009 年 8 月，建信信托正式重组运营，注册资本为 15.27 亿元，2011 年成为由银监会直接监管的 8 家信托公司之一

（续表）

机构名称	简介
建信基金管理有限责任公司	建信基金管理有限责任公司成立于 2005 年 9 月，注册地在北京，注册资本为 2 亿元，由中国建设银行等三方优质股东共同发起设立，业务范围包括基金募集、基金销售、资产管理和中国证监会许可的其他业务。建信基金管理公司是国内首批由商业银行发起设立的基金管理公司之一，具有特定客户资产管理业务资格和合格境内机构投资者（QDII）资格，已经构建起公募、非公募、子公司三大业务平台
建信股权投资管理有限责任公司	建信股权投资管理有限责任公司成立于 2014 年，注册资本为 1 亿元，是建行旗下从事私募股权投资业务的专业子公司，是建行集团的股权投资平台和投贷联动纽带，由中国建设银行总行直接管理，经营总部位于北京，主要致力于国家级战略性新兴产业基金及其他私募股权基金的管理

来源：清科研究中心根据公开资料整理

  建银国际是银行系最早一批实行主动管理的 PE，从 2008 年做建银国际的第一支医疗产业基金开始，中国建设银行根据国家战略调整，设立了多种类型的基金，包括城镇化基金、PPP 基金、国有资本风险投资基金，债转股基金、战略新兴基金等。2014 年 7 月，经原中国保监会批准，广东省政府与中国人保集团、中国建设银行广东省分行正式设立了规模为 121 亿元的"粤东西北振兴发展股权基金"，这是全国第一个由省级平台与金融央企合作设立的股权基金，将集中投资于各地市新区起步及中心城区的建设。2015 年 10 月，建银山东 PPP 发展基金（有限合伙）成立，目标规模为 120 亿元，首期规模为 40 亿元，由山东省政府发起设立，并由建银国际紫继苟建银城投（上海）环保股权投资管理有限公司负责管理，该基金主要用于山东省 PPP 项目的基础设施建设。2018 年 6 月，国家发改委与中国建设银行共同发起设立了国家级战略性新兴产业基金，目标规模为 3 000 亿元，基金具体将投向新一代信息技术、高端装备、新材料、生物、新能源汽车、新能源、节能环保和数字创意等战略性新兴产业领域，支持战略性新兴产业的重大工程建设。其中，中国建设银行的四家子公司建信人寿、建银国际、建信投资、建信信托，合计拟出资 53 亿元。

投贷联动方面，2016 年 5 月，中国建设银行投贷联动金融中心在苏州落地，该中心由中国建设银行与子公司建银国际联合经营，将建行传统专业信贷服务与建银国际投行产业链相结合，协调建行集团股权资金与信贷资源，为企业不同发展阶段量身打造投贷结合、全面综合的金融服务方案。2019 年 9 月，建行在深圳正式发布"投资者港湾"，以国有大行身份，通过选择权贷款等方式，以"债权＋股权"的方式入场中国股权投资市场。"创业者港湾"是建行的一种新的模式，指银行与政府部门、创投机构、核心企业、科研院校、孵化机构等平台合作，通过投贷联动机制，为中小科创企业提供资金支持，并依托建行大学愚公学院为其提供免费教育。目前，创业者港湾主要聚焦于 5G、人工智能、网络空间科学与技术、生命信息与生物医药等战略新兴产业。

2018 年 12 月，《商业银行理财子公司管理办法》正式发布，中国建设银行率先向银保监会递交筹建申请，并于 2019 年 5 月首批获得银保监会开业批复，取得金融许可证。2019 年 6 月，建信理财在深圳市举行开业仪式暨新产品发布会，这标志着国内首家商业银行理财子公司正式开业运营。未来建信理财的产品投向将是各类资产的组合，不会只投股票、债券、非标或流动性资产等单一种类。

2018—2019H1，**从投资轮次来看**，建行系投资方的投资集中在 A 轮、上市定增、C 轮，其在这三个轮次的投资案例数占比接近 70%，其中 A 轮事件就占到总案例数的 40%；其在这三个轮次的投资总金额超过 160 亿元，占总投资金额的比例超过 75%。**从投资阶段来看**，集中在扩张期和成熟期的企业，占总案例数的比例接近 75%，占总投资金额的比例约为 77%。

从投资行业分布来看，2018—2019H1，建行系投资方在股权领域的投资覆盖 20 多个行业，其中投资案例数较多的行业有生物技术 / 医疗健康、IT、房地产、金融、汽车、娱乐传媒、建筑 / 工程等行业，共披露投资事件 60 多起，占总案例数的 70%；投资金额较大的行业有房地产、生物技术 / 医疗健康、IT、清洁技术、物流、娱乐传媒、食品饮料、金融、能源及矿产等行业，共披露投资金额 160 多亿元，占总投资金额的比例约为 76%。

代表性投资案例：2018 年 2 月 14 日，建银国际投资北京市某配送及仓储公司 12.50 亿美元，投资轮次为 A 轮，投资阶段为扩张期；2018 年 2 月 28 日，建信基金参与食品企业维信诺 150 亿元上市定增，这也是 2018 年中国餐饮与食品领域最大规模的一起投资事件，其中建信基金投资 11.25 亿元；2018 年 5 月 11 日，建信资本、上海建信资本、百川汇达联合投资生物医药公司华道生物 5 500 万元，投资轮次为天使轮，投资阶段为种子期（见表 5-7）；2019 年 6 月，中国国有企业结构调整基金、中证投资、中国外运、建信股权投资基金等投资第三方钢铁 B2B 电子商务平台欧冶云商 20.20 亿元，投资轮次为 A 轮，其中建信股权投资基金出资 1.55 亿元。

表 5-7　2018—2019H1 建行系投资方在股权投资领域的代表性投资事件

投资方	投资时间	企业名称	行业	地域	投资轮次	投资阶段	投资金额（百万元）
建信资本	2018-05-11	华道生物	生物制药	上海	天使轮	种子期	—
建银国际	2018-02-14	不披露	配送及仓储	北京	A 轮	扩张期	7 929
建信（北京）投资基金管理	2018-04-27	不披露	房地产开发经营	广东	天使轮	种子期	2 200
建银国际	2018-01-18	不披露	房地产开发经营	福建	A 轮	成熟期	1 500
建信基金管理	2018-03-07	维信诺	食品 / 饮料	广东	上市定增	成熟期	1 125
建信（北京）投资基金管理	2018-03-23	不披露	环保	广西	C 轮	成熟期	1 045
建银国际	2018-05-08	不披露	其他	北京	A 轮	成熟期	800
建银国际	2018-06-28	不披露	影视制作及发行	香港	A 轮	初创期	600
建银国际	2018-06-27	不披露	房地产开发经营	上海	A 轮	成熟期	400
建银国际	2018-01-30	绿叶制药	化学药品制剂制造	山东	上市定增	成熟期	400

来源：私募通 2019-09

5.3.2　国家开发银行

根据公开信息统计，国家开发银行下属一级控股、二级控股的非银金融机构共有 80 多家，其中一级控股的有国开金融有限责任公司、国开发展基金有限公司、国开国际投资有限公司、国开证券股份有限公司等。其中，国开金融成立于 2009 年 8 月，是国家开发银行经国务院批准设立的全资子公司，主要从事投资和投资管理业务，同时也是国开银行开展股权直接投资的主要子公司，旗下有国开母基金、国开开元股权投资基金等。根据清科研究中心私募通数据，建银国际管理资本量已达到 2 000 亿元，管理基金 42 支，累计披露投资基金 43 支、投资项目 87 个、退出项目 22 个，连续多年上榜清科集团评选的中国私募股权投资机构榜单，并进入 2018 年中国先进制造领域投资机构 10 强行列。

2018—2019H1，国家开发银行相关投资方在股权投资领域的投资案例共 30 多起，总投资金额超过 100 亿元，主要的投资主体有国开金融有限责任公司、国开发展基金有限公司、国家集成电路产业投资基金、国开装备制造产业投资基金等（见表 5-8）。

表 5-8　国家开发银行的主要股权投资主体简介

机构名称	简介
国开金融有限责任公司	国开金融是国家开发银行经国务院批准设立的全资子公司，成立于 2009 年 8 月，注册资本为 5 08.7 亿元，主要从事投资和投资管理业务。截至 2015 年末，国开金融总资产为 1 196 亿元，管理资产超过 1 500 亿元，2015 年公司实现净利润 46.60 亿元。自成立以来，国开金融累计投资超过 400 个项目，累计对外投资 1 700 多亿元

（续表）

机构名称	简介
国开发展基金有限公司	国开发展是国家开发银行的全资子公司，成立于 2015 年 8 月，注册资本为 500 亿元，主要支持国家确定的重点领域项目建设。国开发展基金采取项目资本金投资、股权投资、股东借款以及参与地方投融资公司基金等投资方式，用于补充重点项目的资本金缺口，目前已完成几千个国家重点项目的资本金投入
国家集成电路产业投资基金	国家集成电路产业投资基金成立于 2014 年，由国开金融、中国烟草、亦庄国投、中国移动、上海国盛、中国电科、紫光通信、华芯投资等发起，由华芯投资管理有限责任公司管理。基金重点投资集成电路芯片制造业，兼顾芯片设计、封装测试、设备和材料等产业，一期规模为 1 200 亿元，目前已基本完成投资，二期募资也已基本完成，规模约为 2 000 亿元
国开装备制造产业投资基金	国开装备制造产业投资基金成立于 2012 年 9 月，目标规模为 200 亿元，由国开熔华产业投资基金管理有限责任公司负责管理，由国家发改委振兴东北办、辽宁省政府和国开行共同筹备发起，主要投资于中高端装备制造业、战略性新兴行业、高科技行业等领域

来源：清科研究中心根据公开资料整理

　　根据清科研究中心私募通数据，国开金融在管基金 42 支，包括 24 支成长基金、15 支基础设施基金、两支 FOF 基金、一支创业基金。两支 FOF 基金分别为国家集成电路产业投资基金、国开央企创新投资基金。其中，国家集成电路产业投资基金重点投资集成电路芯片制造业，兼顾芯片设计、封装测试、设备和材料等产业，一期规模为 1 200 亿元，目前已基本完成投资，二期募资也已基本完成，规模约为 2 000 亿元；国开央企创新投资引导基金成立于 2018 年 5 月，由国开金融与中国农业银行重庆市分行共同发起设立，由国开金融负责管理，基金定位于国家战略与央企创新需求，将以股权形式投资于重庆市辖内的智能制造、新能源、医疗健康和大消费等战略性新兴产业。此外，基础设施基金包括国开（北京）—交行新型城镇化发展基金、武汉开元城市发展基金、国开城市发展基金、湖南两型基金等；成长基金包括国开（北京）新型城镇化基金六期、福建安芯产业基金、国开思远（北京）投资基金、国开装备基金等。

国家开发银行是第一批投贷联动业务试点的十家试点银行之一。2016 年8 月，国开行率先启动投贷联动试点，先后与北京中关村、上海张江、天津滨海、武汉东湖以及西安等 5 个国家自主创新示范区签订投贷联动合作协议，实现了试点地区投贷联动合作的全面覆盖。此外，国家开发银行在 5 个国家自主创新示范区筛选出首批投贷联动支持企业 58 家，涉及融资需求 54 亿元，涵盖生物环保、互联网信息技术、新材料、生物科技、冷链物流、精密仪器等领域。2016 年 11 月 25 日，国家开发银行和北京仁创生态公司签订"投资＋贷款"合同，项目落地当日实现 3 000 万元投资、3 000 万元贷款同步到位，这标志着全国首单投贷联动项目落地。

2018—2019H1，**从投资轮次来看**，国开系投资方投资集中在 A 轮、上市定增、新三板定增，这三个轮次的投资案例数占比接近 70%，其中上市定增总金额较大，超过 70 亿元，主要投资企业有耐威科技、通富微电、长电科技、步步高、鹏欣资源等。**从投资阶段来看**，主要是成熟期企业，占比在 2/3 左右，其次是扩张期企业；而且成熟期企业获投金额高，超过 90 亿元，占总投资金额的 90% 以上。**从地域分布来看**，投资涉及国内 12 个省市，相对集中在北京、江苏、上海、湖南等地。

从投资行业分布来看，2018—2019H1，国开系投资方在股权领域的投资覆盖 11 个行业，其中投资案例数较多的行业有半导体、IT、化工原料及加工三个行业，共披露 21 起投资事件，总投资金额超过 80 亿元，事件数和金额占比分别为 63.6%、81.9%。其中，半导体行业一家独大，共披露投资事件 11 起，投资金额近 70 亿元，主要是通过国家集成电路产业投资基金进行投资，重点投资案例有：2018 年 5 月对通富微电的 5.70 亿元上市定增投资、2018 年 6 月对燕东微电子的约 10 亿元的 A 轮投资、2018 年 8 月对长电科技的约 26 亿元上市定增投资等（见表 5-9）。

表 5-9　2018—2019H1 国开系投资方在股权投资领域的代表性投资事件

投资方	投资时间	企业名称	行业	地域	投资轮次	投资阶段	投资金额（百万元）
国家集成电路产业投资基金	2018-08-30	长电科技	IC 测试与封装	江苏	上市定增	成熟期	2 602
国家集成电路产业投资基金	2018-06-04	燕东微电子	IC 设备制造	北京	A 轮	成熟期	1 000
国家集成电路产业投资基金	2018-02-23	步步高	零售	湖南	上市定增	成熟期	739
国家集成电路产业投资基金	2018-05-09	通富微电	IC 测试与封装	江苏	A 轮	成熟期	567
国开装备基金	2018-06-26	不披露	硬件	北京	G 轮	扩张期	421
国家集成电路产业投资基金	2018-07-03	不披露	IC 测试与封装	江苏	E 轮	成熟期	340

（续表）

投资方	投资时间	企业名称	行业	地域	投资轮次	投资阶段	投资金额（百万元）
国开装备基金	2019-04-22	鹏欣资源	能源及矿产	上海	上市定增	成熟期	300
国家集成电路产业投资基金	2018-01-29	小鹏汽车	汽车制造	广东	B 轮	扩张期	300

来源：私募通 2019-09

代表性投资案例： 2018 年 6 月 4 日，燕东微电子完成 18 亿元 A 轮融资，投资方包括国家集成电路产业投资基金、盐城高新区投资、京国瑞投资，其中国家集成电路产业投资基金投资 10 亿元；2018 年 8 月 30 日，国家集成电路产业投资基金、无锡金投领航投资、芯电半导体投资长电科技 36.19 亿元上市定增，其中国家集成电路产业投资基金投资 26.02 亿元，占股 10.9%；2019 年 4 月 22 日，国开装备基金、西藏暄昱企业管理、营口海众融资租赁投资鹏欣资源 6.00 亿元上市定增，其中国开装备基金投资 3 亿元。

5.3.3 中国工商银行

根据公开信息统计，中国工商银行下属一级控股、二级控股的非银金融机构主要有工银国际控股有限公司、工银金融资产投资有限公司、工银瑞信基金管理有限公司、工银理财有限责任公司、中国工商银行北京信托投资公司等。其中，工银国际控股有限公司（简称"工银国际"）是中国工商银行在香港的全资子公司，主要业务包括投资银行、投资管理、证券投资等，是中国工商银行唯一的投资银行平台，专注于上市及非上市企业的股权或其他相关投资，通过多元化私募基金，灵活满足各行业不同的资金需求。

根据清科研究中心私募通数据，工银国际管理资本量约为100亿元，管理基金9支，累计披露投资项目39个、退出项目18个，连续多年上榜清科集团评选的中国私募股权投资机构榜单，并获得2017年中国房地产基金10强。2018—2019H1，中国工商银行相关投资方在股权投资领域的投资案例共20多起，总投资金额超过70亿元，主要的投资主体有工银国际控股有限公司、工银金融资产投资有限公司等（见表5-10）。

表5-10　中国工商银行的主要股权投资主体简介

机构名称	简介
工银国际控股有限公司	工银国际是中国工商银行在香港的全资子公司。工银国际的公司历史始于1993年，主要业务包括投资银行、投资管理、证券投资等，其中投资管理业务涵盖资产管理、股权投资以及债券融资。公司用自有资金或旗下私募基金对企业做出直接投资，专注于大中华地区的上市及非上市企业的股权或相关投资，专注于战略行业及有较强增长力的企业，为企业提供增值服务
工银金融资产投资有限公司	工银金融资产投资有限公司（简称"工银投资"）是经银监会批准设立的全国首批试点银行债转股实施机构，于2017年9月26日正式成立，是中国工商银行的全资子公司，注册资本为120亿元，为目前注册资本金最大的商业银行债转股实施机构之一。截至2018年年末，工银投资已与50余家企业签署总金额超过4 000亿元的债转股合作框架协议，推进落地债转股项目超过800亿元

来源：清科研究中心根据公开资料整理

根据公开资料，工银国际主要以工银国际自有资金对企业做出直接投资，以财务投资人身份进行股权投资，主要专注于大中华地区的上市及非上市企业的股权或其相关投资，客户覆盖各大小工商业领域，针对处于朝阳行业内的较成熟企业，以通过工商银行的资源，更有效地协助企业做大做强为目标。根据清科研究中心私募通数据，工银国际在管基金 9 支，以成长基金、房地产基金为主，包括融通资本（工银国际旗下第一支综合性人民币私募股权投资基金）、天津融通基金、融浩（天津）股权投资基金、和谐中国房地产基金（一期和二期）等。

投贷联动方面，工商银行积极推动科创企业投贷联动，加大"顾问＋融资＋投资"全链条兼并收购业务的推广力度，推动资产证券化业务由投资人向主动管理人的业务转型，积极推进新动能基金、债转股基金、科创企业投贷联动等股权投资业务。工商银行于 2019 年 5 月 22 日晚间发布公告称，公司全资子公司工银理财有限责任公司获准开业。工银理财注册资本为 160 亿元，注册地为北京，主要从事发行公募理财产品、发行私募理财产品、理财顾问和咨询等资产管理相关业务。2019 年 6 月，工银理财在北京发布六款新规产品，其中权益类产品以创业企业股权为投资标的，为投资者开辟了分享企业成长红利的新途径。同时，工银理财还与多家基金、证券、私募等金融企业签署战略合作协议，通过优势互补，以提升客户服务水平，共同推动多层次资本市场发展。

2018—2019H1，**从投资轮次来看**，工行系投资方投资主要集中在 A 轮、上市定增，共披露 12 起这两个轮次的投资事件，占比约 57%，总投资金额超过 30 亿元，占比约 45%；其次是天使轮和 C 轮。**从投资阶段来看，**其投资的主要是扩张期和成熟期的企业，占比在 2/3 左右；扩张期、成熟期企业获投金额接近 40 亿元，占总投资金额的一半以上。**从地域分布来看，**其投资涉及全国 7 个省市，主要集中在北京、浙江、上海等地。

从投资行业分布来看，2018—2019H1，工行系投资方在股权领域的投资覆盖十几个行业，从案例数来看，行业分布较为分散，相对集中在物流、能源及矿产、互联网、IT、房地产、金融等行业，其中在物流、房地产、互联网、能源及矿产这四个行业的投资金额均在 10 亿元以上。

代表性投资案例：2018 年 4 月 23 日，韵达股份完成 39.15 亿元上市定增，投资方包括中国人寿、中国人寿资产管理、嘉实基金、兴全基金、平安资产、工银资管（全球）、诺德基金等，其中工银资管（全球）投资 4.00 亿元；2018年 6 月 12 日，工银国际、浦银国际、高成资本联合投资依图科技 2 亿美元，投资轮次为 C+ 轮；2019 年 1 月 31 日，工银金融资产投资良村热电 45.93% 的股权，投资金额为 8.50 亿元，投资轮次为 A 轮（见表 5-11）。

表 5-11　2018—2019H1 工行系投资方在股权投资领域的代表性投资事件

投资方	投资时间	企业名称	行业	地域	投资轮次	投资阶段	投资金额（百万元）
工银金融资产投资	2019-01-31	良村热电	电力	河北	A 轮	扩张期	850
工银国际	2018-02-27	不披露	日常用品	浙江	天使轮	种子期	658
工银国际	2018-08-14	不披露	配送及仓储	上海	G 轮	成熟期	552

（续表）

投资方	投资时间	企业名称	行业	地域	投资轮次	投资阶段	投资金额（百万元）
工银国际	2018-06-12	依图科技	IT 服务	上海	C+ 轮	扩张期	427
工银资管（全球）	2018-04-23	韵达股份	物流	浙江	上市定增	成熟期	400
工银国际	2018-06-08	不披露	酒店	北京	A 轮	扩张期	320
工银国际	2018-03-22	不披露	电子商务	浙江	A 轮	扩张期	319
工银国际	2018-02-14	不披露	配送及仓储	北京	A 轮	扩张期	317

来源：私募通 2019-09

5.4 第二类银行系投资方典型代表

5.4.1 招商资本

招商局资本投资有限责任公司（简称"招商资本"）是驻港央企招商局集团的一级子公司，专门从事另类投资与资产管理业务，是招商局集团投资业务的管理与发展平台。一方面，招商资本把握中国结构改革、产业升级和新城镇化的战略机遇，在市场中积极探索，不断培育出新的产业，增强了资本活力；另一方面，招商资本整合集团内部资源，运用集团网络优势和产业背景，在基础设施（道路、港口等）、医疗医药、金融服务、房地产、高科技、农业食品、文化传媒、装备机械、矿业、能源等领域寻求合作契机，推动金融与实业的相互结合。

根据清科研究中心私募通数据，招商资本管理总资产为 2 700 多亿元，管理基金 57 支、累计披露投资基金 6 支、投资项目 295 个、退出项目 68 个，连续多年上榜清科集团评选的中国私募股权投资机构榜单，并获得 2018 年中国先进制造领域投资机构 10 强、2018 年中国清洁技术领域投资机构 10 强。

2018—2019H1，招商资本相关投资方在股权投资领域的投资案例共 30 多起，总投资金额超过 36 亿元，主要的投资主体有招商局资本投资有限责任公司、深圳市招商局创新投资基金中心（有限合伙）、青岛国信招商创业投资基金合伙企业（有限合伙）等（见表 5-12）。

表 5-12　招商资本主要股权投资主体简介

机构名称	简介
招商局资本投资有限责任公司	公司成立于 2012 年 1 月，注册资本为 10 亿元，是招商局集团控股成员企业中专门从事另类投资与管理业务的公司，注册地和国内运营总部设在深圳，国际运营总部设在中国香港。重点投资领域：①战略行业。包括基础设施（道路、港口等）、装备机械、金融服务、房地产。②其他重点关注行业。包括高科技、农业食品、医疗医药、文化传媒、矿业、能源等
深圳市招商局创新投资基金中心（有限合伙）	公司成立于 2016 年 1 月，注册资本为 40 亿元，基金类型为成长基金，由招商局创投负责管理，重点投向"互联网＋"等股权投资基金及直投项目。招商局创投是招商局资本的全资子公司
青岛国信招商创业投资基金合伙企业（有限合伙）	青岛国信招商创业投资基金合伙企业（有限合伙）成立于 2015 年 3 月，基金类型为创业基金，已完成募资 3.24 亿元，管理机构为青岛国信招商创投。青岛国信招商创投是招商证券的二级控股公司

来源：清科研究中心根据公开资料整理

2018—2019H1，**从投资轮次来看，**招商资本股权投资主要集中在 A 轮、上市定增、新三板定增，这三个轮次的投资案例数占比接近 55%；投资金额较大的轮次有上市定增、A 轮、基石投资等，这三个轮次共披露的投资金额约为 30 亿元，占总投资金额的比例约为 83%。**从投资阶段来看，**集中在扩张期和成熟期，占总案例数的比例接近 68%，占总投资金额的比例约为 86%。**从地域分布来看，**涉及全国 9 个省市，相对集中在广东、上海、浙江等地。

从投资行业分布来看，2018—2019H1，招商资本在股权领域的投资覆盖 10 多个行业，其中投资案例数较多的行业有 IT、金融、互联网等行业，共披露投资事件 17 起，占总投资案例数的 55%；投资金额较大的行业有生物技术 / 医疗健康、半导体、金融等行业，共披露投资金额约 25 亿元，占总投资金额的比例约为 69%。

代表性投资案例：2018 年 5 月 10 日，荆州招商慧泽医药投资合伙企业（有限合伙）（简称"慧泽医药"）投资瑞康医药 10.23 亿元上市定增，慧泽医药的管理机构为慧德资管，慧德资管是招商资本的控股子机构；2019 年 4 月 2 日，人工智能公司追一科技完成 4 100 万美元 C 轮融资，投资方包括中白基金（管理机构：招商资本）、创新工场、晨兴资本、高榕资本、纪源资本等，其中，中白基金为领投方，投资金额为 2 870 万美元；2019 年 4 月 25 日，互联网金融公司同盾科技完成 1 亿美元 D 轮融资，投资方有不公开的投资者、信达汉石投资、国泰基金、光控华登全球基金一期、纪源资本、中白基金等，其中，中白基金作为领投方之一，投资金额为 1 400 万美元（见表 5-13）。

表 5-13　2018—2019H1 招商资本在股权投资领域的代表性投资事件

投资方	投资时间	企业名称	行业	投资轮次	投资阶段	投资金额（百万元）
招商资本	2018-05-10	瑞康医药	生物技术 /医疗健康	上市定增	成熟期	1 023
招商资本	2018-05-09	通富微电子	半导体	A 轮	成熟期	531
招商局创投	2019-04-12	黑芝麻智能	IC 设计	B 轮	初创期	数亿美元（合投）
招商资本	2018-02-14	不披露	物流	A 轮	扩张期	202
招商资本	2019-04-02	追一科技	IT	C 轮	扩张期	197
招商资本	2019-06-27	欧冶云商	互联网	A 轮	扩张期	155
招商资本	2019-04-25	同盾科技	金融	D 轮	扩张期	96

来源：私募通 2019-09

5.4.2　光大控股

中国光大控股有限公司（简称"光大控股"）于 1997 年在香港成立，拥有超过 20 年私募股权投资及资产管理经验，是中国领先的跨境投资及资产管理公司之一。光大控股的母公司为中国光大集团，同时光大控股是光大证券的第二大股东和光大银行的策略性股东。截至 2018 年年底，光大控股共管理 62 支基金，已完成募资规模 1 435 亿港元。光大控股通过自有资金以及所管理的多个私募基金、创投基金、产业基金、夹层基金、母基金、固定收益和股票基金等，已投资超过 300 家企业，覆盖房地产、飞机租赁、医疗健康、养老产业、新能源、基础设施、高端制造业、高新科技、文化消费等多个产业，其中有超过 150 家企业已通过在中国及海外市场上市或并购转让等方式退出。

2018—2019H1，光大控股相关投资方在股权投资领域的投资案例数有 20 多起，总投资金额超过 35 亿元，主要的投资主体有中国光大控股投资管理有限公司、光大证券股份有限公司、光大保德信资产管理有限公司等（见表 5-14 ）。

表 5-14　光大控股主要股权投资主体简介

机构名称	简介
中国光大控股投资管理有限公司	中国光大控股投资管理有限公司成立于 2006 年，注册资本为 5 000 万港元，是光大控股的子机构，专门从事直接投资、基金管理、收购兼并及财务顾问等综合服务。光大控股是一家以另类资产管理为核心业务的上市公司，通过所管理的多个私募基金、创投基金、产业基金、夹层基金、母基金、固定收益和股票基金等开展投资业务
光大证券股份有限公司	光大证券股份有限公司创建于 1996 年，注册资本为 46.1 亿元人民币，是中国证监会批准的三家首批创新试点证券公司之一，也是光大集团的核心金融服务平台，着力打造经纪和财富管理、信用业务、机构证券业务、投资管理及海外业务等板块
光大保德信资产管理有限公司	光大保德信资产管理有限公司成立于 2015 年 8 月，注册资本为 2.5 亿元，控股股东为光大证券，目前投资有中国政企合作投资基金

来源：清科研究中心根据公开资料整理

2018—2019H1，从**投资轮次**来看，光大控股股权投资主要集中在新三板定增、B 轮、A 轮，这三个轮次的投资案例数占比接近 62%；投资金额较大的轮次有 B 轮、上市定增、A 轮、新三板定增，这四个轮次共披露投资金额约

35 亿元，占总投资金额的比例约为 95%。**从投资阶段来看**，集中在扩张期和初创期的企业，占总案例数的比例接近 52%，占总投资金额的比例约为 62%。**从地域分布来看**，涉及全国 9 个省市，相对集中在北京、上海、河南、江苏等地。

从投资行业分布来看，2018—2019H1，光大控股在股权领域的投资覆盖 10 多个行业，其中投资案例数较多的行业有 IT、互联网、机械制造、娱乐传媒等行业，共披露投资事件 10 多起，占总案例数的 62%；投资金额较大的行业有食品 & 饮料、互联网、电信及增值业务、IT 等行业，共披露投资金额约 33 亿元，占总投资金额的比例约为 89%。

代表性投资案例：2018 年 10 月 12 日，网易云音乐完成 6 亿美元 B 轮融资，投资方包括百度投资部、泛大西洋投资、博裕资本、不公开的投资者、BAI、光大控股新经济基金等；2018 年 10 月 25 日，特斯联完成 12.00 亿元 B 轮融资，投资方包括 IDG 资本、光大控股、商汤科技，其中光大控股投资 4.20 亿元；2019 年 3 月 19 日，光控夹层基金投资歌德盈香 10 亿元，投资轮次为 A 轮，投资阶段为扩张期；2019 年 4 月 30 日，平原智能装备完成近 7 000 万元新三板定增，投资股权 6.02%，投资方为光控郑州国投基金，管理机构为光大控股的子机构—光大汇益伟业（见表 5-15）。

表 5-15　2018—2019H1 光大控股在股权投资领域的代表性投资事件

投资方	投资时间	企业名称	行业	投资轮次	投资阶段	投资金额（百万元）
光大保德信	2018-03-07	维信诺	食品＆饮料	上市定增	成熟期	1 100
光大控股	2019-03-19	歌德盈香	互联网	A 轮	扩张期	1 000
光大控股	2018-10-12	网易云音乐	文化娱乐	B 轮	初创期	689
光大控股	2018-10-25	特斯联	IT	B 轮	初创期	420
光大控股	2018-08-31	不披露	金融	B 轮	成熟期	100
光大控股	2019-02-23	太若科技	IT	A+ 轮	初创期	75
光大控股	2019-04-30	平原智能装备	机械制造	新三板定增	成熟期	70
光大控股	2019-06-03	T11	连锁零售	天使轮	初创期	35

来源：私募通 2019-09

5.4.3　广发证券

广发证券股份有限公司（简称"广发证券"）成立于 1991 年，是国内首批综合类证券公司之一，定位专注于中国优质企业及富裕人群，拥有创新能力行业领先的资本市场综合服务商。截至 2018 年 12 月 31 日，公司共设立证券营业部 264 个，实现全国 31 个省市自治区全覆盖。此外，广发证券拥有投资银行、财富管理、交易及机构客户服务和投资管理等全业务牌照，已形成了金融集团化架构，控股广发期货、广发信德、广发乾和、广发资管、广发控股（香港）、广发融资租赁、广发合信及广发基金、投资参股易方达基金（并列第一大股东）等。

　　根据清科研究中心私募通数据，广发证券管理资本量 650 多亿元，累计披露投资基金 1 支、投资项目 16 个、退出项目两个，资本服务 700 多次，并连续上榜 2017 年、2018 年（VC/PE 支持）中国企业境内上市主承销商 10 强榜单。2018—2019H1，广发证券相关投资方在股权领域的投资案例共 40 多起，总投资金额约为 14 亿元，主要的投资主体有广发乾和投资有限公司、广发信德投资管理有限公司、广发证券资产管理（广东）有限公司等（见表 5-16）。

表 5-16　广发证券主要股权投资主体简介

机构名称	简介
广发乾和投资有限公司	广发乾和投资有限公司成立于 2012 年 5 月，注册资本为 10 亿元，注册地为北京，是广发证券股份有限公司的全资子公司，公司主要从事股权投资业务，投资领域主要包括先进制造、TMT、消费、医药、环保新能源 / 新材料等行业
广发信德投资管理有限公司	广发信德投资管理有限公司成立于 2008 年 12 月，注册资本为 28 亿元，是广发证券在广州设立的全资专业子公司，业务范围限定为股权投资，以自有资金开展直接投资业务，主要关注国家政策重点扶持或鼓励的行业，优先选择行业内处于成长期、具有成为行业领先者潜力的 Pre-IPO 企业进行投资
广发证券资产管理（广东）有限公司	广发证券资产管理（广东）有限公司成立于 2014 年 1 月，注册资本为 10 亿元，公司的前身是广发证券资产管理部，系广发证券旗下全资子公司，是华南地区首家券商系资产管理公司。该公司全面承继了广发证券原资产管理部的相关业务，业务范围兼顾公募基金以及私募融资两大领域，负责管理广发恒进租赁产业投资基金

来源：清科研究中心根据公开资料整理

　　2018—2019H1，从投资轮次来看，广发证券股权投资主要集中在 A 轮、新三板定增，这两个轮次的投资案例数占比接近 66%，其中 A 轮案例数占总案例数的 49%；A 轮、上市定增、新三板定增这三个轮次的投资总金额超过 10 亿元，占总投资金额的 75%。**从投资阶段来看**，集中在扩张期和初创期的企业，占总案例数的比例约为 73%，占总投资金额的比例约为 54%。**从地域分布来看**，涉及全国 13 个省市，相对集中在北京、广东、江苏、上海、山东、四川等地。

从投资行业分布来看，2018—2019H1，广发证券在股权投资领域的投资覆盖 10 多个行业，其中投资案例数较多的行业有 IT、生物技术 / 医疗设备、电子及光电设备、互联网等，共披露投资事件 30 多起，占总案例数的 76%；投资金额较大的行业有 IT、生物技术 / 医疗健康、化工原料及加工、电子及光电设备、互联网等，共披露投资金额约 12 亿元，占总投资金额的比例约为 86%。

代表性投资案例：2018 年 10 月 12 日，诺泰生物完成 2.57 亿元新三板定增，投资方包括广发信德、吉林敖东创新基金、江苏沿海产业投资基金、巨石创投等，投资股权 15.15%，其中广发信德投资 1.00 亿元；2018 年 11 月 29 日，百分点完成 5 亿元 E 轮融资，投资方包括国新央企运营广州基金、广发乾和、丝路华创、海通创意资本等；2019 年 5 月 20 日，锐石创芯完成数亿元 A 轮融资，投资方包括广发乾和、深创投、上海临芯投资、深圳鹏德创投等，其中广发乾和为领投方（见表 5-17）。

表 5-17 2018—2019H1 广发证券在股权投资领域的代表性投资事件

投资方	投资时间	企业名称	行业	投资轮次	投资阶段	投资金额（百万元）
广发信德	2018-10-12	诺泰生物	生物技术 / 医疗健康	新三板定增	扩张期	100
广发乾和	2019-01-07	博瑞医药	生物技术 / 医疗健康	C 轮	成熟期	83
广发乾和	2018-11-29	百分点	IT	E 轮	扩张期	75
广发乾和	2018-07-31	小鸟看看	IT	A 轮	种子期	59
广发乾和	2019-05-20	锐石创芯	电子及光电设备	A 轮	初创期	53
广发信德	2018-06-07	宝利祥	食品 & 饮料	新三板定增	成熟期	40
广发信德	2018-09-13	坚果投影	电子及光电设备	D 轮	扩张期	35
广发信德	2019-01-09	优梵艺术	建筑 / 工程	A 轮	扩张期	33
广发信德	2018-04-23	不披露	汽车	B 轮	初创期	30
广发信德	2019-04-29	纽诺教育	教育与培训	B 轮	扩张期	30

来源：私募通 2019-09

5.5 银行开展股权投资业务的意见建议

5.5.1 给予适当政策支持，放宽稳定长期资金供给渠道

与证券、信托、私募公司相比，商业银行具有独特的业务优势，包括成熟的金融服务平台、广泛的客户基础、多元的业务结构、完善的销售网络、稳健的合规文化等。从业务开展的便利与安全角度来看，商业银行参与股权投资业

务需要更多恰当的政策支持。

目前，部分大型商业银行已具备在资本市场开展牌照类业务的综合化金融服务的能力，且商业银行的加入有助于资本市场的稳健合规经营，具有资本市场稳定器的作用。在适当时机，如果国家监管部门考虑以适当的方式，给予符合条件的商业银行的牌照准入支持，如开展混业经营所需的证券公司、信托公司、基金公司等方面的牌照准入，商业银行便可以直接对外开展股权投资、抵押权人登记等事项，而无须再依托各类通道办理，这将大大减少中间环节的消耗。

此外，通过政策支持放宽稳定、长期资金的供给渠道，可考虑通过央行再贷款、财政贴息、发行特别国债、设立国家引导基金等方式，为符合条件的商业银行提供必要的期限匹配、成本适当的资金支持。同时，积极通过窗口指导等措施，鼓励保险、社保、养老等中长期社会资金，以适当比例投资债转股、投贷联动等股权投资项目。

就商业银行参与的债转股、投贷联动等热门业务模式来说，针对股权投资项目"退出慢"的难题，可考虑在退出渠道方面予以必要的政策支持。例如，对于定向增发、优先股、IPO、可转债、重大资产重组等渠道，在审批环节开辟绿色通道，搭建"即报即审、审过即发""一次审批、分期发行"等多种便捷模式；对于商业银行理财发行的资管计划，若视为合格股东，IPO 时不再穿透计算投资者人数等。

5.5.2 适时调整经营管理理念、模式，培养专业化人才

商业银行参与股权投资需调整相应的经营管理模式和公司架构。**一方面**，商业银行的股权投资业务不同于以往传统、单纯的银行信贷业务。股权投资周期长、未来收益不确定性大，为谋求长期利益，需要商业银行转变短期见效的经营理念，结合银行本身监控范围广和信息资源庞大的优势，创新与其他机构不同的股权投资文化理念。进一步说，商业银行开展的股权投资业务的经营和管理模式应具备银行传统的特色，与信贷业务兼容并存，既有统一性，又有差异性，形成资源共享和优势互补，为股权投资业务的发展创造更好的环境。

另一方面，商业银行参与股权投资业务会涉及多个层面。从经营模式来看，要么与其他券商、信托、私募机构合作，要么专门设立子公司，这就对开展业务的银行从业人员的专业性提出了更高要求。例如，投资涉及科技产业时，商业银行需引入具备银行、投资和科技产业三方面能力和专业知识的复合型人才。从公司架构上来看，参与股权投资的商业银行需组建负责各投资方向的专业化团队，深耕所投领域，探索建立直营经营模式，调整内部架构，打造与开展股权投资业务相匹配的职能部门。

5.5.3 整合内外部资源，多角度、多层次参与新兴业务

与商业银行参与股权投资业务相比，证券公司、私募公司、创投公司、信托公司具有丰富的股权投资实操经验。目前，商业银行大多间接参与股权投

资业务，在未来，如监管层对商业银行股权投资业务的限制有所放松，商业银行还需整合外部多方资源，以弥补自身在业务经验上的相对缺乏。另外，互联网金融经过多年发展，已对商业银行传统的业务模式产生重要影响，在股权投资业务上，股权众筹等新型模式发展迅猛，商业银行面临着更为激烈的竞争环境。

从行业内部来看，商业银行可加强与证券公司、私募公司、创投公司、信托公司等的同业合作。一是通过参股甚至控股同业公司的方式，参与股权投资业务，发挥同业投资机构丰富的实操经验优势，加之商业银行自身的独特业务优势，实现双赢局面；二是通过与同业公司签署合作协议，输出商业银行客户资源优势，为投资机构推荐优质标的，扮演投资顾问的角色；三是在现有环境下，以合规的方式继续开展通道业务，通过借道证券、私募、信托等公司，间接参与股权投资业务。

从行业外部来看，互联网金融发展至今已具备成熟的市场体系，是未来股权投资中不可或缺的一部分。商业银行一方面可以设立自己的互联网金融部门，独自为股权投资业务打造股权众筹等平台；另一方面，可与大牌互联网企业合作，如 BAT 等，通过互联网企业的渠道和流量优势，实现股权投资业务协同发展。

5.5.4 与优秀 PE 合作，搭建股权投资的业务和风控体系

受业务经验和人才资源的影响，商业银行直接参与股权投资业务受到一定

约束。为此，银行可以考虑参考授信政策的模式，通过对股权投资市场的行业投资、退出方式以及回报水平的研究，制定专门的股权投资行业政策。同时，银行可以筛选出业绩优秀的 PE 公司作为合作伙伴，以 LP 形式进入，降低银行直接投资的损失概率，同时强化与 PE 公司在股权投资具体业务上的配合，逐步积累股权投资领域的经验和人才。此外，银行还要设立专门的风险管理团队和风控机制，逐步构建区别于传统商行业务、与直接融资市场相适应的风控体系。

5.5.5　瞄准成长型创新企业，推动"投贷联动"业务发展

整体来看，传统信贷业务提供的多是低风险、低收益的金融产品，这就要求企业提供足够的风险控制措施以匹配较低的利息收入，这在很大程度上造成了成长型创新企业长期面临融资难的困境。2015 年 3 月，中共中央、国务院发布《关于深化体制机制改革加快实施创新驱动发展战略的若干意见》，明确提出要"完善商业银行相关法律。选择符合条件的银行业金融机构，探索试点为企业创新活动提供股权和债权相结合的融资服务方式，与创业投资、股权投资机构实现投贷联动"。

可见，在当前国家加快实施创新驱动发展战略的背景下，融合了债务融资、股权投资的投贷联动业务，有望成为商业银行支持国家创新驱动的发展战略，同时也是商业银行推动自身业务模式转型与升级的重要依托。

第六章

中国股权投资市场发展趋势

6.1　募资难度持续加大，政府引导基金成当前募资首选

根据清科研究中心的调研，在当前募资难的市场环境下，随着引导基金投资步伐的加快，政府引导基金成为大部分机构未来的募资首选。截至2019年6月底，国内共设立1 686支政府引导基金，目标规模10.10万亿元人民币，已到位资金规模4.13万亿元人民币。整体来看，在经历了前几年的高速增长后，各地区引导基金的设立已趋于饱和，新增引导金多为地市、区县级设立，这表明我国引导基金的发展已进入存量消化阶段。其中，一些早期设立的引导基金已基本投资完毕，中后期设立的引导基金也已逐渐进入投资高峰期。

目前，我国已设立的政府引导基金以产业基金为主，占比高达57.3%，产业基金主要围绕战略新兴产业，且通常以扩张期、成熟期的企业为重点扶持对象；其次为创投基金，占比为31.3%，创投类政府引导基金主要围绕地区中小企业发展、科创企业、高新技术企业以及战略新兴产业为重点投资对象。2019年上半年，国内新设立的政府引导基金主要为产业基金，占比达到82%，从扶持方向来看，新设立的产业基金主要围绕新旧功能转换、高新技术产业以及地区产业升级等方向。

6.2 银资、险资进入，股权投资市场迎来长期资本支持

2018 年 4 月《资管新规》落地后，银保监会先后发布了《商业银行理财业务监督管理办法》《商业银行理财子公司管理办法》，分别对商业银行下设的资管部门与商业银行设立的理财子公司方式开展理财业务进行了规范。作为《资管新规》的后续配套政策，《理财新规》《理财子公司管理办法》的发布，将与《资管新规》充分衔接，共同构成银行开展理财业务的监管体系，让更多银行理财资金以合法、规范的形式参与股权投资，进入实体经济和金融市场。截至 2019 年 9 月，已有十多家理财子公司获批设立，其中，建设银行、工商银行、交通银行、中国银行、农业银行五家大型商业银行的理财子公司已全部开业。2019 年 9 月 24 日，中国银保监会正式批准光大理财有限责任公司开业，这是全国首家获准开业的股份制银行理财子公司。

从投资策略来看，与商业银行不同，险资出于自身资金来源的特点，最主要的投资策略即为保值，因此目前保险公司资金的主要投向仍是债券、银行等固定收益产品，其次为其他投资。2010 年 9 月，《保险资金投资股权暂行办法》发布，推动保险资金积极投资于非上市公司和股权投资基金，提高直接融资比例，支持实体经济发展。2015 年 9 月，中国保监会印发《关于设立保险私募基金有关事项的通知》，结合保险资金期限长、规模大、负债稳定等特点，对设立保险私募基金进行了具体规范，包括明确基金类别和投向、建立规范化的基金治理结构、明确市场化的运作机制等。2018 年 10 月，银保监会发布了《保险资金投资股权管理办法（征求意见稿）》（以下简称《新规》），取消保险

资金开展股权投资的行业范围限制，通过"负面清单＋正面引导"机制，提升保险资金服务实体经济的能力。**此外，《新规》规定保险资金可投资标的扩充至创业投资基金、股权投资基金和以上述基金为投资标的的母基金，这有助于险资加大股权投资板块的资金配置。**随着《保险资金投资股权暂行办法》《关于设立保险私募基金有关事项》《保险资金投资股权管理办法（征求意见稿）》等一系列政策的出台，保险资金将逐步提高股权投资的配置比例。在未来，险资将成为股权投资基金的最佳资金提供方之一，VC/PE 有望迎来更多长期资本的支持。

6.3　科技赋能驱动，AI、高端制造、医疗健康受到青睐

全球正在掀起第四次工业革命的浪潮，科技创新能力将对一国未来的经济发展起到至关重要的作用。国家创新发展水平的提高，需要鼓励创新的政治环境、企业文化，持续不断地增加研发投入，加强科研领域的跨国合作，全面促进科创成果转化。目前，全球科研竞争已进入白热化，而我国科技创新竞争力尚需长足发展，相关研发投入和企业创新支持力度需要进一步加大。

近年来，**人工智能**领域技术创新和产业投资持续受到关注，多项相关政策也陆续出台，积极推动着 AI 技术在多个细分领域的渗透。2017 年 7 月，国务院发布《新一代人工智能发展规划》，标志着人工智能进入"国家战略"时代。人工智能产业链自下而上可以分为三个层次，即基础层、技术层和应用层。其

中，应用层项目具有应用场景广、进入风险低等优势，逐渐成为国内资本的投资热点，在整体投资活跃度上也明显高于基础层、技术层。AI 技术可广泛应用于金融、电商零售、安防、医疗、交通、家居、教育、农业、文娱、VR 等多个领域，但应用层产品和服务的落地，归根结底依赖于基础层和技术层的突破。未来，在贸易争端与政策鼓励核心技术国产化的背景下，随着人工智能应用层竞争的日益激烈，基础层和技术层可能获得更多资本的青睐。

当前，在中美贸易摩擦、国家宏观战略与金融服务实体经济的大背景下，中国股权投资市场对于**高端装备制造**领域的关注度持续提升。"十三五"国家战略性新兴产业发展规划提出："加快突破关键技术与核心部件，推进重大装备与系统的工程应用和产业化，促进产业链协调发展，塑造中国制造新形象，带动制造业水平全面提升，为高端装备制造产业定下基调"。**芯片制造**被称为信息革命时代"皇冠上的明珠"，是现阶段中国制造业依赖并受限于国际先进技术的最主要领域之一，但中国的存储器、CPU 等关键核心芯片、设备和材料，仍然与国外存在差距。受国际和国内双重因素作用，芯片领域的科技创新关注度急剧上升，股权投资日益活跃。目前，国家集成电路产业投资基金一期已经基本完成，二期的募资工作也已接近完成，募资规模在 2 000 亿元左右。基金二期主要用于接替部分一期项目的资金退出，同时将持续投资晶圆制造、封装测试等重资产领域，还将提高对设计业的投资比例，并对装备材料业给予支持。此外，基金二期也将围绕国家战略和新兴行业进行投资规划，如智能汽车、智能电网、人工智能、物联网、5G 等。

医疗健康是重研发投入的行业，也是 VC/PE 投资的常青行业，具有逆周期的特征。根据清科研究中心私募通数据，2010—2018 年，中国医药领域披露投资金额近 1 700 亿元，占期间整个医疗健康领域总投资额的比例高达 47.3%，尤其是 2015 年以来呈现高速增长态势。在 VC/PE 的支持下，药明康德、信达生物、歌礼制药等多家药企成功上市。但整体来看，中国医药领域仍缺少巨头企业，未来行业集中度或将进一步提升，发展前景广阔。医疗设备方面，2018 年中国医疗设备领域投资总额超过百亿元，联影医疗、飞渡医疗等企业均完成亿元以上的大额融资。医疗服务方面，在大数据、5G、AI 等新一轮技术赋能下，移动互联网和 O2O 已经帮助挂号、问诊、买药等传统医疗服务实现"线上化"，基因诊断、图像诊断和远程手术也正在走向成熟，不断推动医疗服务向更加高科技、高效率，更加专业化和细分化的方向发展。

6.4 VC/PE 目光转向投后和风控，开启精细化管理之路

2018 年以来，受《资管新规》、协会自查等相关要求影响，私募股权投资市场整体投资放缓，VC/PE 机构的工作重心开始逐渐转向投后和风控，开启精细化管理之路。

机构风控既要充分揭示风险也要促进交易，但不同类型机构的侧重点会有所区别。一方面，私募股权投资机构作为经营实体，面临着国家经济、行业监

管、市场竞争与内部运营等多方面的风险；另一方面，募投管退的整个工作流程，涉及多个部门、项目、人员的协调和配合，是机构风控工作的重点。早期、VC、PE 机构在投资策略以及风险偏好属性上各有其特点，需要搭建与自身业务相匹配的风险组织架构和风险管理制度体系，并结合不同行业、不同类型项目的投资特点，采用不同的风控类型及分层决策机制，同时强化项目人员激励机制、风险信息化管理体系的建设，实现投资风险的全流程管控。

在当前国内经济面临转型、各行业发展逐渐走向成熟的大环境下，机构普遍面临募资难、退出难的困境。随着在管基金和项目的增多，机构对投后管理的重视程度逐渐提高，头部机构逐渐加强投后管理体系的建设和投入，设立专门的投后管理部门，开展被投企业的投后管理工作。一方面，优质的投后管理能力能够提高机构的综合实力，为机构带来品牌优势，从而提高机构的募资能力和获取项目的能力，成为机构激烈竞争中的重要一环；另一方面，持续对被投企业开展投后管理，帮助被投企业实现价值提升，能够改善机构的退出情况、提高整体收益水平。切实有效的投后管理，可以帮助机构在"特殊时期"实现弯道超越，未来投后管理或将成为驱动股权投资机构发展的重要新引擎。

6.5 科创板、二手份额转让，有望拓宽投资方退出渠道

科创板的开板和配套政策的稳步推进，为一级市场的退出提供了新渠道，

同时能够在一定程度上引导创投机构资金对科技创新型企业的价值投资。2018
年11月5日，在首届中国国际进出口博览会开幕式上，国家主席习近平表示
将在上交所设立科创板并试点注册制。2018年12月24日，证监会的党委扩
大会议提出，2019年的重大工作之一是确保在上交所设立科创板并试点注册
制、使之尽快落地。2019年1月23日，中央全面深化改革委员会第六次会议
审议通过了《在上海证券交易所设立科创板并试点注册制总体实施方案》《关
于在上海证券交易所设立科创板并试点注册制的实施意见》。2019年1月30
日，证监会正式发布《科创板首次公开发行股票注册管理办法（试行）》，上交
所正式发布《关于就设立科创板并试点注册制相关配套业务规则公开征求意见
的通知》，标志着科创板正式落地。

与此同时，全球私募二级市场发展迅速，已逐渐发展成为交易量可观、
增长稳定、参与者众多，且对全球金融市场具有重要意义的大型交易市场。
2008—2018年，全球S基金规模呈持续上涨趋势，其中欧美国家二手份额交
易成熟，但亚洲占比较少。

目前，我国已经建立多个私募股权基金二手份额交易平台，具备了发展私
募二级市场的基础条件，国内市场二手份额交易也渐成趋势。随着机构在管基
金数量、基金规模、LP数量等的不断增加，基金面临较大退出压力。出于资
金周转、提前获取既定收益等目的，预计未来大量基金份额持有者将转让基金
份额，同时LP转让和购买私募股权基金二手份额的需求也将不断增长，中国
私募股权二级市场投资机会巨大。值得注意的是：国内私募股权二级市场成熟

度较低，投资风险较大，专业从业者较为缺乏，而市场化母基金作为专业的机构投资者，在私募股权基金二手份额转让交易、私募股权二级市场基金的管理运作中，具备丰富的行业资源和得天独厚的优势，未来将成为私募股权二级市场基金的发展主力。

附　录

部分概念释义

数据单位：无特殊说明的情况下，本报告统一采用人民币（元）作为金额的统计单位。

H1：上半年；Q1、Q2、Q3、Q4：一季度、二季度、三季度、四季度

机构属性分类释义：

机构属性分类	释义
早期投资机构	专注于投资早期、种子期企业股权的机构
VC	即创业投资机构，主要对初创期的成长性企业进行股权投资
PE	即私募股权投资，主要投资扩张期和成熟期的企业
FOFs	即基金的管理机构，主要投向创投类私募基金和其他类私募股权基金、信托计划、券商资管、基金专户等资产管理计划的私募基金
战略投资者	即不以股权投资为主业的实体企业，但为整合行业资源而对外投资并购的投资者

投资阶段分类释义：

投资阶段分类	释义
种子期	是指技术的酝酿与发明阶段，这一时期的资金需要量很少，一般由科技创业者自己解决，若在原有的投资渠道下无法变为样品，并进一步形成产品，创业者就会寻找新的投资渠道，在该时期的风险投资称为种子期（一般在企业成立 1 年内）

（续表）

投资阶段分类	释义
初创期	初创期企业的产品正开发完成，但尚未大量商品化生产，此阶段资金主要用在购置生产设备、产品的开发及行销、建立组织管理制度等方面，此阶段风险很高，大部分企业失败亦在此阶段，因为企业并无过去绩效记录，且资金需求亦较迫切。依产业不同，此阶段的企业一般成立 1~3 年
扩张期	扩张期企业产品已被市场肯定，企业为进一步开发产品、扩充设备、提高量产、制订存货规划及强化行销力，需要更多资金。但由于企业距离其股票上市尚有距离，若向金融机构融资，须提出保证及担保品，筹资管道仍属不易，而创投的资金恰可支应所需，由于企业已有经营绩效，投资风险较平稳，因此创投参与较为踊跃。此阶段的企业一般成立 3~10 年
成熟期	成熟期企业营收成长，开始获利，并准备上市规划，此阶段筹资的主要目的在于寻求产能扩张的资金，并吸引产业界较具影响力的人士投资以提高企业知名度，强化企业的股东组成。此时期的资金运作在于改善财务机构及管理制度，为其股票上市做准备。此阶段投资风险较低，相对活力亦较差。此阶段的企业一般是成立 10 年以上的企业

投资轮次：种子轮、天使轮、Pre-A 轮、A 轮、B 轮、C 轮、D 轮、E 轮、F 轮、G 轮、Pre-IPO、新三板定增、上市定增，其中新三板和上市定增是指企业通过定向增发股票获得资金，定增对象包含非 VC/PE 的机构和个人。